早稲田大学創立者・

大隈重信「大学教育の意義」を語る

大川隆法
RYUHO OKAWA

HSU

THE FOUNDER OF WASEDA UNIVERSITY SHIGENOBU OKUMA SPEAKS ON THE SIGNIFICANCE OF UNIVERSITY EDUCATION

本霊言は、2014年6月1日、幸福の科学総合本部にて公開収録され、幸福の科学大学関係者も対話に臨んだ（写真下）。
※幸福の科学大学（仮称）は、2015年開学に向けて設置認可申請中です。

九鬼《くき》 一《はじめ》
学校法人幸福の科学学園
副理事長（学長予定）
1962年生まれ。早稲田大学法学部卒業後、大手石油会社を経て、（宗）幸福の科学に入局。2012年2月より幸福の科学学園理事長、2013年11月より現職。

黒川白雲《くろかわはくうん》
学校法人幸福の科学学園
理事（人間幸福学部長予定）
1966年生まれ。早稲田大学政治経済学部卒業後、東京都庁勤務を経て、（宗）幸福の科学に入局。指導研修局長、常務理事等を歴任し、2013年9月より現職。

まえがき

早稲田大学の創立者・大隈重信さんから、「大学教育の意義」についてのスピリチュアル講義をいただいた。

お説をうかがう中で、ギリシャの雄弁家（たぶんデモステネス）やスーパースターの陰陽師《おんみょうじ》（安倍晴明《あべのせいめい》）、江戸時代の大儒者《じゅしゃ》・藤原惺窩《せいか》などの過去世が新たに明らかになった。こうした経験の総合力が早稲田大学建学の原動力になったのだろう。

本文を読めば、この大隈重信氏は、また現代に転生《てんしょう》して、新たに大学の建学を推進しようとしておられるようだ。それが幸福の科学大学でもあることが明らかにされた。
大学だけでは力が余って、日本の政党政治の草分けとなって、総理大臣にもなった方である。教育者としても、政治家としても、宗教家としても、人物識見とともに十分な方であると信じる。

二〇一四年　六月三日

幸福《こうふく》の科学《かがく》グループ創始者兼総裁《そうししゃけんそうさい》
幸福《こうふく》の科学大学創立者《かがくだいがくそうりつしゃ》　大川隆法《おおかわりゅうほう》

早稲田大学創立者・大隈重信「大学教育の意義」を語る　目次

早稲田大学創立者・大隈重信「大学教育の意義」を語る

二〇一四年六月一日　収録
東京都・幸福の科学総合本部にて

「霊言現象《れいげんげんしょう》」とは、あの世の霊存在の言葉を語り下ろす現象のことをいう。これは高度な悟《さと》りを開いた者に特有のものであり、「霊媒現象《れいばいげんしょう》」（トランス状態になって意識を失い、霊が一方的にしゃべる現象）とは異なる。

なお、「霊言」は、あくまでも霊人の意見であり、幸福の科学グループとしての見解と矛盾《むじゅん》する内容を含《ふく》む場合がある点、付記しておきたい。

大隈重信《おおくましげのぶ》（一八三八～一九二二）

明治期の政治家・教育家。佐賀藩士。明治維新後、外国事務局判事、参議《さんぎ》、大蔵卿《おおくらきょう》など、新政府の要職を歴任したが、薩長閥と対立して辞任（明治十四年の政変）。その翌年、立憲改進党《りっけんかいしんとう》を結成するとともに、東京専門学校（現・早稲田大学）を創立した。一八八八年、政界に復帰し外務大臣に就任。一八九八年には、薩長閥以外から初の内閣総理大臣となり、日本初の政党内閣を組閣した。

早稲田大学創立者・
大隈重信「大学教育の意義」を語る

二〇一四年六月一日　収録

東京都・幸福の科学総合本部にて

質問者　※質問順

九鬼《くき》一《はじめ》（学校法人幸福の科学学園副理事長〔大学設置構想担当〕・幸福の科学大学学長予定）
一九六二年東京都生まれ。一九八四年早稲田大学法学部卒業。大手石油会社を経て、一九九三年宗教法人幸福の科学入局。宗務本部長、事務局長、指導研修局長、幸福の科学出版（株）代表取締役社長などを歴任し、二〇一二年二月より学校法人幸福の科学学園理事長、二〇一三年十一月より現職。

黒川白雲《くろかわはくうん》（学校法人幸福の科学学園理事・幸福の科学大学人間幸福学部長予定）
一九六六年兵庫県生まれ。一九八九年早稲田大学政治経済学部卒業。東京都庁勤務を経て、一九九一年宗教法人幸福の科学に入局。人事局長、指導研修局長、常務理事等を歴任し、二〇一三年九月より現職。

渡邉理代《わたなべりよ》（幸福の科学理事 兼 精舎活動推進局長）
一九八七年東京都生まれ。二〇一〇年早稲田大学第一文学部卒業。同年、宗教法人幸福の科学入局。琵琶湖正心館館長などを歴任。

［役職は収録時点のもの］

※幸福の科学大学（仮称）は、2015年開学に向けて設置認可申請中につき、大学の役職については就任予定のものです。

1　早稲田大学創立者・大隈重信を招霊する

大川隆法　（聴聞《ちょうもん》者に）日曜日にもかかわらず、ご苦労様です。

今日は、早稲田大学創立者の大隈重信の霊言をやろうと思っています。

以前、四年ほど前に、一回、『大隈重信が語る「政治の心・学問の心」』（幸福の科学出版刊）を録《と》ってはいますが、当時はまだ幸福の科学大学の構想が本格化していなかった時期であり、その後、多少、背景が変わってきていると思うので、もう少し具体的な考えとか、いろいろなことが聴けるのではないかと考えています。

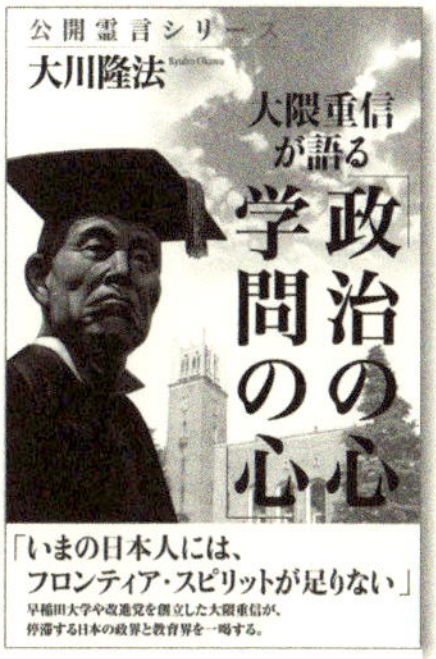

『大隈重信が語る「政治の心・学問の心」』
（幸福の科学出版刊）

今日は、二〇〇九年から公開霊言を数えて、五百一回目になるそうです（会場拍手）。何らかの記念になるようなものが出てくればいいなと思っています。

大学教育について、いろいろと発信もしなければいけない時期になっていますが、やはり、経験者の意見も大事だと思います。

大隈重信さんは、「薩長土肥《さっちょうどひ》」の「肥」である肥前《ひぜん》の国の佐賀城下に生まれ、蘭学、それから英学を勉強されています。薩長の強い力に挟まれつつ、苦しみながら、うまく頭角を現《あらわ》してきたところで、英国公使パークスとの白熱の論戦等で評判になりました。そして、次第に認められることになり、参議《さんぎ》になり、大蔵卿《おおくらきょう》（現在の財務大臣に当たる）や外務大臣等にもなり、また、立憲改進党《りっけんかいしんとう》という政党もつくって、総理大臣にもなっています。

その間、テロリストに狙われて、爆破《ばくは》されて右足を切断するという災難にも遭《あ》っていますが、それを乗り越えて、総理大臣になっています。大隈内閣は、日本で初めての政党内閣でした。

それから、早稲田大学の総長にもなっています。早稲田大学は、最初は、東京専門学校と呼んでいたようです。

そういう意味で、当会の今の流れ、つまり、政治も、大学教育も含《ふく》めた教育も、両方やろうとしている流れに非常に合っているというか、タイミングを得た人であるので、両方を束《たば》ねた意見が聴けるだろうと思います。また、宗教観等はそれほど明らかになっていないかもしれませんが、場合によっては、訊《き》いてみてもよいのではないかと思います。

当会では、早稲田大学の卒業生が非常に活躍しているので、以前から、「不思

早稲田大学・大隈記念講堂

議だな」「おかしいな」と、ずっと思っていました。やたら〝早稲田〟が活躍しているので、「変だな」と思っていたのですが、どうも、霊的に影響があるようです。大隈重信さんは、ヘルメス※の時代から縁《えん》があったとのことでもあります（前掲書『大隈重信が語る「政治の心・学問の心」』参照）。

そういうことで、今日は、大隈さんの秘密に迫《せま》りつつも、当会側のほうは、今、大学設立に向けて最後の山場を迎えておりますので、そのへんについて、大学教育の意義を語ってもらおうと思います。

今日、質問者は、三人とも早稲田大学の卒業生で揃《そろ》えました。早稲田大学法学部卒の九鬼《くき》一《はじめ》さんと、政経学部卒の黒川白雲《くろかわはくうん》さんと、文学部卒の渡邉理代《わたなべりよ》さんです。

早稲田を卒業した若い女性も、当会の幹部として活躍しているので、安倍内閣がモデルとする女性活用の参考にもなるのではないかと思って、今日は、若い女

※四千三百年前のギリシャに実在した英雄。「愛」と「発展」の教えを説き、全ギリシャに繁栄をもたらし、西洋文明の源流となった。エル・カンターレの分身の一人。

性を一人、質問者に出してみようと考えた次第です。珍《めずら》しいので、変わったことを言ってくださると助かります（笑）。（九鬼、黒川を指して）このへんの二人は頭が固まっていますから。

九鬼・黒川　（笑）（会場笑）

大川隆法　頭の中身は、ほぼ固まっているので、異次元攻撃というか、異次元発想を少ししてくれたら、ありがたいと思っています。前口上《まえこうじょう》が長いといけませんので、さっそく、かかりましょうか。

（合掌《がっしょう》し、瞑目《めいもく》する）

早稲田大学卒業者の三名が代表として質問に臨んだ。

以前にも、当本部にお出でいただきまして、まことにありがとうございます。早稲田大学初代総長にして、内閣総理大臣にもなられました、大隈重信侯《こう》をお呼びいたしまして、われらに、大学建学に当たっての心構えや、その他、さまざまな活動についての考え方等についてご教示くだされば、まことに幸いだと思っております。

大隈重信の霊よ。大隈重信の霊よ。どうか、幸福の科学総合本部に降りたまいて、その心のうちを明かしたまえ。大隈重信の霊よ。大隈重信の霊よ。どうか、幸福の科学総合本部に降りたまいて、その心のうちを明かしたまえ。

（約十秒間の沈黙）

2　大隈重信は現代の学識者をどう見ているか

質問者の言い方は上品すぎる？

大隈重信　うーん……。うん、うん。

九鬼　おはようございます。

大隈重信　おはよう。

九鬼　本日は、幸福の科学総合本部にお越しくださいまして、本当にありがとうございます。
私は、早稲田大学の卒業生でもございます、九鬼と申します。来年四月に開学を予定している幸福の科学大学の学長に就任させていただきたいと思っている者でございます。

大隈重信　うんうん。

幸福の科学大学（仮称・設置認可申請中）の完成イメージ図

九鬼　本日は、新しき大学の創立が迫《せま》ってまいりましたので、再び、大隈先生に、大学建学の意義とその方法論についてお話を賜《たまわ》り、さらには、政治観・宗教観につきましてもお話を賜り、私どもの活動の一つの大きな一助《いちじょ》になればと思い、お越しいただいた次第でございます。

どうぞ、よろしくお願い申し上げます。

大隈重信　うーん。まあ、君……、もうちょっと野性味《やせいみ》を出さんとあかんのと違うかなあ。ええ？　なんか品がよすぎるよなあ。

慶応のまねしたら、いかんぜ。

九鬼　はい（笑）。

大隈重信　なあ？　まあ、慶応もいるんだろうが、やっぱり、早稲田は早稲田なんだからさあ。もうちょっと荒々しくないといかんわなあ。うーん。ちょっと上品すぎるよな。もうちょっと本性《ほんしょう》に立ち戻らないかんなあ。

九鬼　（笑）そうですね。はい。

大隈重信　うん。そうなんや！　だからなあ、もうちょっと荒々しく攻めんといかん。ちょっと上品になりすぎて、なんか、みんな、東大の模倣化《もほうか》してきて、似たような感じになってきてるから、ちょっと面白くないなあ。

九鬼　アドバイス、ありがとうございます。

役に立たない学問をやるなら、既成の大学はスクラップにせよ

九鬼　早稲田大学を建学されたときに、建学の精神として、「進取《しんしゅ》の精神」と「学の独立」を挙《あ》げられたと伺っておりますが、それが、百三十年余り受け継がれてきたと思います。

私ども幸福の科学大学は、「幸福の探究」と「新文明の創造」という建学の精神を掲《かか》げておりますが、大隈先生は、建学の精神、大学の理念というものをどのようにお考えでしょうか。そのへんについて、まず、教えていただければ、ありがたく存じます。

九鬼一 幸福の科学学園副理事長
（学長予定）

大隈重信　さすがに、君、なんかねえ、面白うない言葉を並べるのがうまくなったなあ。ええ？

九鬼　学者の方々にうけるように、お話しさせていただきました。

大隈重信　相手が聞いてたら眠くなってくるような……、それが大学の精神と言えば、そうかもしらんが、まあ、大学の授業は眠いからなあ、どこもなあ。ああ、眠いからねえ。とにかく、大学っちゅうたら眠いところや。サボってもええところやなあ。高田馬場で遊んどったほうが、よっぽど面白いなあ。

まあ、「そういう訳の分からんツルツルした言葉をしゃべると、大学らしゅうになる」っちゅうことで、みんな、そっちのほうで努力すると、卒業生が、みんな、なかは空っぽになって、出ていくんだなあ。
何ちゅうか、今は、建前論《たてまえろん》っちゅうかなあ。見てくれだけを、それらしく取り繕《つくろ》うのがうまくなってなあ。その中身やなあ。ズバーッと「中身は何じゃあ」っちゅうところが問えんのが、残念なところだなあ。

九鬼　はい。

大隈重信　なあ？　特に、その学風は、いろんなところに遺伝して、ようないですな。
「今は、日本の大学を卒業しても、高学歴で、仕事ができへん人が多い」というのも、たぶん、そこと関係があると思うんだよ。難しい論文を読めて、それをまねしたような文が書けて、新聞の社説みたいなのが読めて、あんなふうに分からんような文が書けるようになったら、「学士だ」「修士だ」「博士《はかせ》だ」言うて、こう、なれるようになっとるわなあ。

だけど、「それで何が世の中動くか」って言ったら、動かんのだなあ。だから、中身がボーンと出んもんは、やはり、意味がないよな。

だから、まあ、（九鬼が）学識者ぶろうと頑張っとるところはよう分かるけども、「学識者っていうのは、もうガラクタの山なんだ」ということをよう知ったほうがええよ。

九鬼　はい。

大隈重信　学識経験者っていうのは、〝テトラポット〟なんだからさあ。護岸《ごがん》で、津波よけにもなれへんけども、魚が卵を産むのにええぐらいのテトラポットっちゆうやつ、四角いのがいっぱい沈《しず》んどるだろう、堤防の向こうに。あれが学識経験者やな。

だからねえ、ろくでもないんや。ほんとは、そんなもんは要《い》らんのや。ほんとは、実戦のなかで鍛《きた》えられてなあ、政治、あるいは宗教精神や侍《さむらい》精神や商売精神、いろんなものを身につけた人が、実学をグワーンと教えたら、ガーンと中身が入ってきて、卒業した人は仕事ができるようになるんだよ。

そのへんがなあ、今の日本は根本的な改革が要るっていうことだ。大学改革って言うても、シュレッダーにかけて消さないかんような人たちに改革させたって、駄目《だめ》やでえ（笑）。

自分らよりも、もっと役に立たない人間をつくることが、大学改革だと思っとるんじゃないかなあ。

九鬼　分かりました。中身が大切だと？

大隈重信　「中身がないやつは、もう出ていけ！」っちゅうねえ。学者って、もう、リストラをやっぱり……。免許証と一緒で、更新したほうがいいんとちゃうか。長くいればいるほど、無能になっていくようなっとるだろ？　だいたい。

終身制になったら、もう終わりだもんね、ほぼ。

九鬼　学者の方々も「その世界が、特殊な世界である」ということはご存じなようでして……。

大隈重信　そうだよ。特殊な世界っていうことを、もう一段、乗り越えなきゃいけない。そして、「特殊な世界でなく、異常な世界であり、無能の世界である」というところまで悟りが進めば、彼らの改革は始まる。

だけど、「その特殊な世界っていうのは、特別に偉《えら》い世界だ」という思いがあるところが、問題なんだなあ。

もう、こんな役に立たん学問をやるなら、既成の大学は、ちょっとねえ、だいぶスクラップにしなあかんのちゃうか。

とっても気になっておるねえ。

君らねえ、「そういうふうに模倣せよ」って、一生懸命、言われて圧力かけられてるんやったら、「あんたらリストラしたほうが早いぜよ」って、龍馬《りょうま》みたいに言わなあかんで。うーん。そういうふうに言わんといかん。

こんな役に立たん大学なんか、もう、今は要らんですよ。

九鬼　はい。ありがとうございます。中身が大事だということですね。

3　欧米を〝説教〟できる黒帯卒業生を輩出せよ

大学は、学生に「生きていく武器」を与えるべき

九鬼　教育論に入らせていただきたいと思います。

大学というのは、「中学・高校と勉強してきて、『学問の自由のなかで、勉強できる』と意気に燃えて入学してくる学生たちに、四年間、そこで何を勉強してもらうか」ということが大事かと思いますが、大隈先生は、そういった学生たちに対して、「どういう勉強をしなさい」「どこを鍛えなさい」とおっしゃりたいでし

ようか。

大隈重信　個人的に言やあなあ……。まあ、わしは明治維新に関わったほうではあるけれども、佐賀やったから、藩閥的にはややマイナーなほうに回ってしもうたがゆえに、大変窮屈《きゅうくつ》な思いをしてだなあ。うーん。

まあ、早稲田の在野《ざいや》精神のもとになったのかもしらんけども、ただ、その、やや不利な立場から巻き返すのは、やっぱり、「語学力」だったような気はするなあ。

蘭学、英学とやって、語学力が外交にも使えて、明治維新の文明開化にも役に立ったと。

慶応の福沢《ふくざわ》（諭吉《ゆきち》）君ともだねえ……。まあ、あれも、咸臨丸《かんりんまる》で行った口だと思うけども。あれも、蘭学《らんがく》から英語に変えたほうやけども。だから、語学競争のようなもんだ、慶応と早稲田もな。

まあ、それ（語学）で、やったようなところがあるからさあ。うーん。やっぱり、なんか武器がないと、出世するきっかけはないわなあ。

だから、大学で、まず、「生きていくための武器」を与えなきゃあかんわな。何でもいいけど、とにかく「食っていける武器」を身につけさせないと。

まず、これが大事やし、それが人より抜きん出ないといかん。同じことをやって、みんなと同じやったら、意味ないよな。徹底的に差をつけなあかん。

だから、〝白帯〟と〝黒帯〟の違いを徹底的に見せつけないと駄目だ。おたくも今、『黒帯英語』とか、なんか、つくってるようだけども、「幸福の科学大学の卒業生って〝黒帯〟だ」と、日本中が認識するところまで行かないといかんな。

『黒帯英語初段①』（非売品）
政治・経済・宗教・科学など、さまざまな分野の英語の語彙や文章等を集めた英語教材。現在、『黒帯英語への道』（全10巻）と『黒帯英語』（初段・二段ともに全10巻、三段のシリーズも順次刊行中）が出ている。

英語も、それ以外の実学の部分も、「黒帯なので、もう相手にならない。白帯なら、ぼんぼこ投げられる。まともにぶつかったら全部負けてしまう」というぐらいの、〝黒帯の卒業生〟を出さないと、私はあかんと思うね。

「実際上やってみたら、もうボロボロに負ける」って言うんだったら、まあ、百年以上（歴史の）ある大学はいっぱいあるけども、大学の名前だけで通用してる世界なんていうのは、もう踏み破っていけるからさあ。

そのへんで、君らの、常識の殻《から》を破る「常識の逆転革命」を起こさないかんな。四年間で、まったくですなあ、まあ、宮本武蔵《みやもとむさし》の二刀流じゃないけども、こう（両手に刀を持つ構えをとる）、「新しい兵法・新しい武器で戦って、新世界を切り開く」っちゅう人間をつくらんかったらあかんと思うな。

単なる三流大学、五流大学をこれからつくって新規参入して、ちょろちょろと小さくつくり、君らの食《く》い扶持《ぶち》を、まあ、定年まで給料が出ればええためにつくるんだったら、早稲田の名前どおり、田んぼでもつくって田植えしてさあ。もう、あったかい所につくるんやったら、二期作でもして、春に一回目、二回目は秋でもいいけど、そういう田んぼでもつくったほうが、よっぽどましやからなあ、もうほんと。

だから、やっぱりねえ、黒帯だよ。

九鬼　ありがとうございます。「黒帯を目指せ！」というお言葉を賜りましたが、これも一つ、私どものスローガンに掲げさせていただきたいと思います。

大隈重信　うん。負けたらあかん。絶対、負けたらあかん。

欧米と渡り合い、さらに、欧米を乗り越えていけ

九鬼　「英語力」ということと、「実学」「実戦に使える学」ということを教えていただいたのですが……。

大隈重信　そうや。だからねえ、今、幸福の科学学園中学・高校がやっとるなあ。まあ、あんたも関係したやろうと思うが。

九鬼　はい、携《たずさ》わらせていただきました。

大隈重信　まあ、発表とか、みんな、なかなかしっかりして、ようしゃべるよう

になっとるし、英語も頑張ってるけど、いい方向になあ、うん。
わしの陰《かげ》ながらの指導が効《き》いとるんか知らんが、ええ方向に行っとるなあ。

九鬼　ありがとうございます。

大隈重信　英語はできるし、発表はできるし、なんか、実際にパイオニア的精神を持ってる人間が育ちつつあるよなあ。
次第しだいに誘導されとるんや。アハハハハハハハーッ。
霊界の力は強いんだ。アハハハハハハ。

九鬼　ああ、そうでございますか。大隈先生は、やはり幸福の科学学園のほうにもご指導いただいているのでしょうか。

大隈重信　うーん。見とる、見とる、見とる、見とる。そらあもう、やっぱり、やらなあかんと思うとるよ。

まあ、（幸福の科学学園は）ええ感じの人間ができてる。もうねえ、欧米《おうべい》に渡り合えて、さらに乗り越すところまで行かなければいかん。渡り合うだけじゃ駄目だ。アジアの劣等感を消すだけでは足りん。それではあかんのや。欧米を打ち破らないかんねん。打ち破って、説教できるところまでもっていかなきゃいかんなあ。

プライドが傷つくことを恐れない早稲田の卒業生

九鬼　ところで、「当会の幹部には、早稲田の卒業生が非常に多い」ということが、ずっと言われてきています。少し話がずれますが、これについては、「大隈先生の、何か霊的な影響が働いている」というような噂《うわさ》も少し耳にいたしましたが……。

大隈重信　うん、まあ、ほかの大学の人があんまりひがむといかんから、教育者として、若干《じゃっかん》、公平の心が必要やと思うけど、歴代の理事長に早稲田出身が多いのは事実やなあ。

そらあ、やっぱ、「早稲田は仕事できる」っちゅうことやろ、結局なあ。実際に仕事ができるから、しょうがないやんなあ。「万」の台の人間が入ってくるのに、仕事ができる人間がいっぱい育ってくる。教育がええんやろうなあ、やっぱりなあ。

黒川　早稲田大学の教育のなかに、「進取《しんしゅ》の精神」というものがありまして、これは、「エンタープライジング・スピリット」であろうかと……。

大隈重信　そうなんだよ。プライド低いやろ？　もともとなあ。

黒川　はい。もう、何でも、雑巾《ぞうきん》がけでもやります（笑）。

大隈重信　プライドが低いから、その新規事業みたいなので、傷《きず》つくのを恐れんところがあるんだよね。

ところが、東大とか、慶応あたりだと、プライドが傷つくからなあ。だから、新しい企業みたいなのは、ちょっと用心して、「ある程度、大きくなって安定してきたら、入る」っていうか、「潰《つぶ》れないようになってきたら、入る」っていう傾向があるわけよ。
早稲田はプライドがないからさあ。まあ、その意味では、日大と大して変わらへんのや。プライドのないところはな。
ただ、中身の教育というか、ガチガチにもっと詰め込んで、しごいてるところは、こっちのほうが上やとは思うけどな。

黒川　その意味では、経営成功学部のスピリットとまったく……。

大隈重信　まさに、わしが（経営成功）学部長でもええぐらいやなあ。

黒川　（笑）ぜひ、ご指導をいただければと思います。

大隈重信　ああ、君、やろうとしてるの？

黒川　私は、人間幸福学部の担当ですけれども。

大隈重信　ああ、そうか。わしが座ってもええぐらいやなあ。

黒川　ぜひ、霊的にご指導いただいて……。

大隈重信　〝完全憑依《ひょうい》〟してやろうかあ、学部長に？（会場笑）

成功は、わしのもんや。そのかわり、片足がぶっ飛ばされても知らんで。

黒川白雲 幸福の科学学園理事
（人間幸福学部長予定）

「ナンバーワンの遺伝子」が外国にも通用する

大隈重信　（九鬼に）あんた、なんか、右足じゃなくて、〝首〟が飛ばされようとしてんのやなあ？

九鬼　そうでございます。

大隈重信　「爆弾《ばくだん》で首を取られて、総理大臣ができるかどうか」と言うと、わしも、なかなか難しいやろうなあとは思うけどなあ。

首なしでも総理ができるか？　まあ、「頭がなくても総理ができる」という意味に取れば、できるかもしれない。

体で総理をした人もいっぱいいるなあ。当学の誇《ほこ》りであるところの森（善朗《よしろう》）君なんかも、ほんと、体だけで総理をやったようなところがある（会場笑）。あの立派な体で、欧米に通用した。なあ？　アメリカ人が尊敬しとった。「うわあ、すごいな。横綱《よこづな》が総理になった！」って（会場笑）。ラグビーで活躍した選手っていうのは、そのぐらいの意味があるわけやな。アメリカでも、ちゃんと認められるんだ。

当然、もう勉強だけがすべてじゃない。まあ、そういうもので、何でもいいから、頂点を極《きわ》めた人間っていうのは強いわけよ。戦いに強くて、プライドというか、「ナンバーワンの遺伝子」を持ってるから、外国にも通用するんや。

だから、君らの大学も、まあ、中高もそうだろうと思うけども、勉強もそうやし、それ以外の何でもいいから、才能のきらめきが開花するところからバンバン攻めて、いろんなところで活躍させないといかんと思うね。

今は、（幸福の科学学園）中高も、うまく、いろんなところで優勝するようなことが出てきてるなあ。

九鬼　ありがとうございます。おかげさまで……。

大隈重信　ええ感じや。ええ感じや。

九鬼　「世界に飛び出していこう」という精神が非常に根づいてきておりますので、幸福の科学大学でも、これをしっかり伸ばしていきたいと思います。

大隈重信　（幸福の科学大学の場所は）九十九里《くじゅうくり》浜《はま》やろ?

九鬼　はい。

大隈重信　ビーチバレー世界一とか（笑）。

九鬼　ああ、ビーチバレー。

大隈重信　まあ、それは、どうか知らんけど。

九鬼　（笑）

大隈重信　水泳か、シュノーケルかなんか知らんけども、何《なん》か、できるかもしらん。まあ、新しいものが、またできるかもしらんけども、とにかく、勉強ができることも大事やけども、ほかのもんでも、芸術でもええし、スポーツでもいいし、他の文化活動でもいいけども、とにかくですねえ、「新しいものを開拓していこう」っちゅう気力がないといかんと思うねえ。

そんなに時間はない。十年も二十年も三十年もしたら、やっと認められるような大学ではあかんと思うんだよ。やっぱり、スパートかけて、もう数年で、日本中で有名になっていくぐらいでいかないと、いかんと思うね。

九鬼　ありがとうございます。そういう才能溢《あふ》れる人材を養成していきたいと思っております。

大隈重信　よっしゃあ。今回はねえ、首を吹っ飛ばされてもいけるぐらいの強い人間をつくろう！

九鬼　はい（笑）、かしこまりました。肚《はら》を据《す》えて、肚で仕事をしてまいります。

4 「闘魂《とうこん》の精神」と「開拓者精神」を持て

組織でも個人でもやっていける人材をつくれ

大隈重信　あんた、「片足なくて総理大臣をやってる」っていったら、リンカン並みに尊敬されても、わしもええんではないかと思うんやけどなあ。ちょっと尊敬が足りない。うーん。

九鬼　今年は、『忍耐《にんたい》の法』の年でございまして、そういった苦難とかに耐《た》えてですね……。まあ、私も〝首〟を取られそうになっておりますが。

大隈重信　ああ、そうやなあ。

九鬼　こういうものに負けずにいきたいと思います。

大隈重信　謙虚《けんきょ》すぎるんや。もうちょっとバンカラでいかんと。ああ、バンカラを！

九鬼　はい。

大隈重信　「ガハハハハハ」っちゅうて、こう、やらないと（会場笑）。

どうせ、おまえを〝首〟にしたがってるやつは、東大卒の役人たちなんだろうから。

九鬼　ええ、そうですね。

大隈重信　そうだろう？

九鬼　はい。

大隈重信　それ飛ばすなら、やっぱり、バンカラでいくしか、もう、ないよなあ。

九鬼　なるほど。ちょっとキャラの変更を……（会場笑）。

大隈重信　キャラを変更せなあかん。「おまえら、爆弾で（右足を）ぶっ飛ばされても、まだ総理をやるだけの自信があるか。テロが怖かったら、もう逃げるやろうが」と。「それから（総理に）なるぐらいの自信がなきゃ、あかんのや」と。

九鬼　大隈先生は、そういった度胸や根性というものは、どのようにして培《つちか》われたのでしょうか。

大隈重信　いやあ、とにかく、裸一貫《はだかいっかん》から、自分の努力と才能で這《は》い上がってきたし、ハングリー精神があったからなあ。

今の日本人がさあ、「英語をしゃべれないで、外国人と渡り合えない」なんて問題にしてる。これ、もう百五十年も経《た》っとるよ。

わしが、パークスを目茶苦茶《めちゃくちゃ》に英語で追い詰めた。英国公使のパークスを一日中絞《しぼ》り上げた。若かったんだなあ。若いわしがガンガンにやりまくって名を上げてから、もう百五十年近く経っとるんやと思うけど、いまだに、この体《てい》たらくは、なっとらん。やはり、ちょっと、根性を入れ直さないとあかんなあ。

だから、組織をつくってよし、個人でやってよし、どっちでもええぐらいの人材をつくらないかん。

気概が大事やな。「ファイティング・スピリット」っていうか、「闘魂《とうこん》の精神」っていうか、「開拓者精神」っていうか、これは大事だよ、君たちにもなあ。

ハリー・パークス(1828～1885)
イギリスの外交官。幕末から明治にかけて、駐日公使を務めた。

早稲田大学の東大化は不本意

黒川　大隈先生が、早稲田大学の前身である東京専門学校をつくられたときも、非常に大きな抵抗が……。

大隈重信　「専門学校」って言われると……。

黒川　ああ、すみません。あのー、早稲田大学の前身を……。

大隈重信　非常に、なんか、早稲田をバカにする言葉として、最近、使われ始めてる。

黒川　いえいえ。

大隈重信　ちょっと、気に食《く》わないなあ。

黒川　失礼しました。

大隈重信　昔は、いい意味だったんだけどなあ。

黒川　はい。

九鬼　当時、官学からの圧力というものはあったのでしょうか。

大隈重信　うーん。いや、官学は、そう言ったって、最初は一つしかない大学やったから、もう威張《いば》りに威張っておって、今どころではない値打ちだったからね。そらあ、ほんまに、各藩の……、元藩の英才を集めたものの延長上にできたもんやからな。

これは、ちょっと、ここで言うたら祟《たた》りがあるかもしらんが、山県有朋《やまがたありとも》さんが創設したのが、東大だからさあ。あれは、日本の官僚制をつくるために、つくったので。

あの人は、官僚と軍隊をつくる天才やからな。自分は、松下村塾《しょうかそんじゅく》しか出とらへんのに、一応、東大をつくったりして、やられた方であるので、それはそれなりに役には立ったと思う。

山県有朋(1838 ～ 1922)
明治時代の軍人・政治家。
元勲の一人。

「近代国家をつくって発展させて、屋台骨《やたいぼね》をしっかりする」という意味では、役には立ったと思うけども、気をつけないと停滞《ていたい》することもあるからね。

強くはなるけども、規律のほうがきつくなって、「訓練」と、組織立った、まあ、「秩序《ちつじょ》立った考え方」だけでいくと、新しくブレイクスルーしていく力がなくなってくることがあるので、そういうところは、早稲田的なものが補《おぎな》わないかんと思うんだが、早稲田も、ちょっと、ミニ東大化してきてる傾向があるんでなあ。改革が要《い》るな。

九鬼　はい。

大隈重信　もう、（早稲田の）〝遺伝子〟は千葉に持っていこうか。ねえ？

九鬼　はい。ありがとうございます。

大隈重信　千葉に持っていこうよ。（早稲田大学は）もう、あそこまで巨大化したら、ちょっと難しいかもしらんなあ。うーん。……もう駄目《だめ》だなあ。

九鬼　組織が大きくなると、やはり、官僚化してまいりますので。

大隈重信　そう。世間の期待もなあ、また、同じようなものを求めてくるからな。だから、慶応も早稲田も、そんなに差がつかなくなってきつつあるかもしらんしなあ。早稲田の東大化も、かなり言われとるしなあ。

偏差値と、出世の階段を上がることばっかり考え始めると、人間、似てくるからさあ、どうしてもなあ。

九鬼　はい。

「もう一つ、新しく大学を立ち上げてみたい」

大隈重信　早稲田はそうじゃなくて、やっぱり、「田んぼを耕《たがや》して、稲穂を実らせる」、その文化を持ってないとあかんのやな。うーん。「稲穂が実る」なんだよ。

黒川　私が、学生時代、早稲田の魅力《みりょく》として感じていたのは、「政府から、いろいろな圧力があろうとも、『学問の独立』ということで、それを貫《つらぬ》き通した」というところです。

最初の頃は、政府からいろいろと監視《かんし》されて……。

大隈重信　それは、「悪いこと考えとんじゃないか」となあ。まあ、そらそうや。

黒川　そういうなかでも、早稲田大学は、学問の独立を貫いて、優秀な人材をたくさん輩出されたわけですが、幸福の科学大学としても、学問の独立を目指して、有為な人材を輩出してまいりたいと思っております。

大隈重信　うん。わしが負けとったら、佐賀大学の創設者ぐらいになっとるわけだ。ふるさとに帰って、地元で塾を開いて、大学をつくったら、まあ、佐賀大学かなんかの前身でもつくってたぐらいのことやろうと思うけど、やっぱり、東京で粘《ねば》り抜いたからこそ、今の「私学の雄《ゆう》」が存在するわけやな。

黒川　はい。

大隈重信　確か、歌では、「陸の王者、早稲田」って言うんだろ？　そうじゃなかったっけ？

九鬼　いや、違います。それは、もう一つの大学（慶応）のほうでして……。

大隈重信　そう？　陸の王者でなかったっけ？　うち、海の王者だったっけな？

九鬼　では、幸福の科学大学は、海の王者ということに（笑）。

大隈重信　「海の王者、早稲田」じゃいけないんだろ？　幸福の科学大学だろ？

ああ、そう。いやあ、大きな大学になったから、早稲田が今後、日大化していくのは時間の問題かもしらんけども、もう一つ、新しく大学を立ち上げてみたい気持ちはするなあ。

おそらく、「ここ（幸福の科学）に、早稲田の卒業生が多い」っちゅうのは、チャレンジ・スピリットっていうか、そういうことに惹《ひ》かれるところもあるんだと思うし、大川隆法さんが東大出にしちゃ、異色の存在なので、そうとう〝いっとる〟よなあ。

「〝いっとる〟よなあ」と言って、言葉を選ばな、いかんな。アハハハハハハハハ。ワッハッハッハッハー。

何ちゅうんだろうねえ。わしも言葉がうまいこと出せないが、これ、気をつけないといけないから、そうとう……あっ！「突出しておられる異色の存在」ではあるよなあ。

そういう意味で、「東大出で常識破り」っちゅうのは、あんまり考えられないものなんだよなあ。東大出で常識破りで、もちろん、それで犯罪者になって、どこそこ送りになるっちゅうんなら、まあ、話は分かるけど。「常識破りして成功しよう」っていうのは、東大にあるまじき精神ではあるから、おもろいよな。ここはな、うん。ここは生かさないかんと思うね。

九鬼　「常識を破って、新しい時代をつくっていく」というスピリットが大事だということですね。

大隈重信　そうそう、そうそう。

（東大は）ほんと、創造性をあまり教育してない大学なんだけど、「そこで創造性が死なんかった」っちゅうことは、すごいことやと思うな。

東大に、もう四年いたら、創造性は消えることになっとるんだけど、それで消えなかったっちゅうのは、やっぱり、すごいですよね。

「東大を出ても、小学校一年で中退のエジソンのような、創造の精神ちゅうか、フロンティア・スピリットを持ち続けてた」っちゅうことは、すごいことだと思うなあ。

5　大学における「女性の教育」について

ワセジョ（早大の女性）を、どう見ているか

九鬼　今日は、早稲田大学卒業の女性幹部も来ておりますので、女性の視点からも、少しご質問させていただければと思います。

大隈重信　早稲田はもう才色兼備《さいしょくけんび》しか採《と》らんのやなあ。最近はなあ。

渡邉　本日は、ご降臨《こうりん》いただき、ありがとうございます。

私も、第一文学部という、今はもうなくなってしまった学部ではあるのですが、こちらで四年間、学ばせていただきました。特に、今、女性として出ていますので、女性の観点から少し質問を……。

大隈重信　なんか、変な言い方やったなあ（笑）（会場笑）。

渡邉　（笑）すみません。

大隈重信　「女性として、今、出ていますので」って？

渡邉　ごめんなさい（笑）。

大隈重信　なんか、ちょっと、遺伝子検査しなきゃいけないっちゅうか。いや、染色体《せんしょくたい》の検査をしなきゃいけないっちゅうか。

九鬼　いえいえ。彼女は、（男性として生まれた）過去世《かこぜ》との比較で言っているので、宗教的な話でございます。

渡邉　そうです。すみません（笑）。

大隈重信　ああ、そういうこと。ちょっと、最近、（男女が）分からん人が多いからねえ。どっちか。

渡邉　そうですね、すみません。

大隈重信　うん。

渡邉　早稲田の女性に関する質問をさせていただきます。早稲田の女性は、俗《ぞく》に「ワセジョ」と言われまして、男性が求める女性像とは少し異なるようです。モテないというか（笑）、非常に強い女性が多くて、陰《かげ》では、「個性が強すぎて、男性から敬遠されるような女性」というように言われたりもしています。

それは裏を返せば、すごく才能があって、先ほど、大隈先生がおっしゃったような、「バンカラの精神」や「フロンティア・スピリット」というのが、すごくありすぎる女性がたくさん出ているのかなとも思います。

実際、幸福の科学でも、早稲田を卒業されている女性の方で、理事長を経験された方もいらっしゃいます。

大隈重信　ほう。理事長をねえ、経験した。

渡邉　大川紫央《しお》総裁補佐も早稲田卒業です。

大隈重信　おお、やっぱ、人材が出るなあ。

渡邉　早稲田大学は、女性の才能が非常に出るのかなと思いますが、女性の才能が出ていくコツというか、秘訣《ひけつ》というものはあるのでしょうか。

大隈重信　女として生まれて、早稲田に行くっちゅうのは、勇気は要《い》ると思うんだよな。アハハハハー。ハハハハハハ。アハハハハハ。

建学の精神を持っとる人間として、言葉を選ばないといけないと思うが、まあ、今は、あらゆる女子大との競争を、当然、控《ひか》えとるなあ。「早稲田卒業のワセジョと、女子大卒のと、どっちを嫁《よめ》にもらいたいか」っちゅう厳しい競争が待ち構えてる。これは、ある意味で、非常に不利な面があるなあ。

それから、同じくらいの学力を持ってても、「慶応女子」と、慶応のほうに行った場合は、勉強がようできた場合、そうなんだけど、「ちょっと、お嬢様なんかなあ」というイメージをみんな持たれるから、ええとこのボンボンが手を出してくださるっちゅう、ありがたいところがある。

ええとこのボンは、ワセジョに手を出すかっちゅうのは、やっぱり、微妙なものがあるよなあ。

もう、早稲田は、門もない、田んぼみたいな学校やから、夜盗《やとう》でも何でも入り放題で、泥棒《どろぼう》入り放題の大学みたいなもんだから、「早稲田に、女子として入って、無事に卒業できる女子はいない」っちゅう悪い風説が流布《るふ》されとるからさあ。

九鬼　たぶん昔の話だと思いますが。

大隈重信　昔の話やなあ。まあ、そんなこと、ありえないよ。早稲田の女子がね。

九鬼　今は大丈夫だと思います。

大隈重信　「早稲田の女子が無事に卒業できない」というかなあ。なんか、イスラム過激派に攻撃でもされるかのような言い方をなあ。まあ、ちょっと、風説が流布してるんだな。
あれはようない。あれは、たぶん、ふられた男の恨《うら》みなんだと思うんだよな。ワセジョに蹴られて、「おまえみたいなアホは相手にならん」っちゅうて、パカーンと合コンかなんかで蹴られて、ふられた男が、そういう噂を流すんだよ。「ワセジョは、もう男勝《まさ》りでどうしようもない。あばずれだ」っちゅう噂を流すんだと思うね。きっと恨みなんだよ。

九鬼　なるほど。

大隈重信　そうなんだ。そうなんだよ。

知的な仕事では、女性は男性に引けを取らない

九鬼　女性に対する教育については、どのようにお考えでしょうか。

大隈重信　そらあねえ、イスラム世界に行って、あのベールをみんな剝《は》がしてこいや。

ちょっとねえ、早稲田型の教育をあちらに勧《すす》めないといかん。男を恐れとるようでは、やっぱり、女として生まれた甲斐《かい》がないなあ。だから、ベールをまず剝ぎ取るところから始まらないかん。

ベールを剝ぎ取って、男女平等教育をカチッとやって、「賢《かしこ》かったら、女にでもひざまずけ。男が僕《しもべ》になれ。そんなの当たり前やないか」っちゅうことだ。

まあ、「重量上げで、そちらが上だ」っちゅう世界だったら、（女性は男性に）敵《かな》わんかもしらん。そういう、体力がものすごく要《い》る世界では、相撲《すもう》取りとかやったら、ちょっと、敵わんかもしらんけどな。レスラーとかでは敵わんかもしらんけども、知的な仕事の面じゃあ、そんな、負けてるわけじゃないしさあ。英語等、外国語の学問を使った職業とか、そんなんじゃ、別に男に引けは取らんよ。今、実際、女性とか活躍しとるよな。

やっぱり、そういうフェアな世界をつくらないかん。そんな、もう、「付いとるもんが付いてるかどうか」なんか、どうでもええことであってな。そんなもん、どうにでもなるんだから、今の医学ではな。

だから、「そんなの気にせんと、男同士で結婚するぐらいやったら、ワセジョをもらえ」と、ちゃんと言わなあかんと思うなあ。

聖心《せいしん》の教育は今、変わりつつある

渡邉　（笑）今、安倍総理のほうも、女性の進出ということをすごく意識しております。そういった意味で、早稲田の精神というか、そうしたところで学びもあるのかなと思うのですが。

大隈重信　まあ、聖心《せいしん》なんかの人をもらったら、ちょっと、〝遺伝子〟がなあ（注。安倍総理の夫人は聖心女子専門学校卒）。女性の進出には、やや妨《さまた》げになるようなところがあるんじゃないかなあ。大丈夫かなあ。

『安倍昭恵首相夫人の守護霊トーク「家庭内野党」のホンネ、語ります。』（幸福の科学出版刊）

まあ、聖心でも、ちょっと変わっとる人らしいけどな。まあ、違うのかもしれんけども、ちょっと、お嬢様方で、聖心は、もうワセジョの反対だな。

「とにかく〝滅菌《めっきん》〟状態で育てあげました」「あらゆる男に襲《おそわ》われないように、しっかりと警備員が護って育てあげました養殖アユでございます」みたいな感じのが、聖心だからなあ。

それで、「せっかく〝滅菌〟して育てあげたやつを、大学三年ぐらいで、もう相手を決めて押し込んでいく」っちゅうのが、基本的な戦略やったと思うな。

今、聖心も、ちょっと変わって、なんか、「社会で偉《えら》くなりたい」と思う女性も出てきてるから、遺伝子的には変わってきているとは思うんだけど、もとは、そうだったと思うな。そういう意味では、ワセジョの対極的な面を持っとったとは思う。

だけど、やっぱり、男と戦って勝つぐらいでないと、女が有利に立つことは難しいなあ。その意味では、腕を磨《みが》く意味では、（早稲田大学は）いいと思うなあ。

東大も、最近、女性がかなり頑張ってて、もとは「すっぴんの東大女子」と決まっとったんやけども、最近は、かわいいのも出て、「タレントになるために東大に入る」とか、こんなのも出てるねえ。

「東大だけど美人だから」ということで、タレントになる競争率の高いバーを下げるんだな。「東大女子で、美人コンテストに出れるぐらいの美人だ」っちゅうと、注目度がガッと上がって、競争率がグーッと下がってくるんだ。

だから、「あそこを狙って、頑張って、にわか勉強して入る」っちゅうので、まあ、やってる。わしが見るところ、大した成功まではいっとらんような気はするなあ（笑）。

芸能界は、だいたい普通は、「最高は慶応だ」とかいうふうな言い方をされてるかと思うけど、そんなことはないですよ。下積みから社長までやれるのが、早稲田ですから。卒業生でもねえ。もう何でもやれる。「農家のあれ、やれ、やれ！」って言われたら、早稲田はやれる。

社長もやれて、どっちでも、やれるから、まあ、演技の世界だって十分いける。間違いなくいける。

6 「発信型の人材」を育てよ

今の時代、武器は「言論」である

大隈重信　それから、特に言論がなあ、やっぱり早稲田は強い。言論が強い。今の時代はこれだ。武器は言論だから。

ハーバードも、「日本人の留学生は要《い》らん」とか言うてるのは、「(日本人は)だいたい発言しない、しゃべらない、質問もできない、ディベートもできない。そんなのが来ても、お荷物だから結構です。座っとるだけ。お地蔵《じぞう》さんや」っちゆう意見やろ?
だから、雄弁会的な精神はしっかり植えつけないかんなあ。
幸福の科学学園のほうだけで、十分、育ちつつあるような気がするなあ。みんな、世間を知らんのかもしらんけども、言いたい放題、けっこう言うとるよねえ。

九鬼　はい。そうですね。「発信型の人材」というのは、日本をこれから引っ張っていくために必要だと思っております。

大隈重信　そうや、そうや。
普通は、何十人かのクラスでやってて、生徒がうるさくて、先生が抑えるのは大変やから、あんまりしゃべらさないように、日本はするんだよなあ。おとなしく言うことをきかしたら、授業がしやすいからな。

ワーワーワーワー言うやつは、うるさい。質問するやつも、うるさいよね。質問されると、答えないかんじゃない？　答えられない場合は、ほんと、恥《はじ》かいて権威失墜《けんいしっつい》するやん。

だから、基本的に、質問はあんまりしてほしくないわけで、「する場合は、職員室に来い」ということで、多勢《たぜい》に無勢《ぶぜい》にして、先生がいっぱいいるところに質問に来させ、「君、もうちょっと勉強したまえ」とか言うて、追い返すぐらいの感じでいきゃあ、おとなしくなるからなあ。

九鬼　早稲田大学の草創期《そうそうき》を描いた映画を観《み》させていただくと、「『学生、注目！』と言って椅子の上に立ち、そこで演説を始め、『そうだ、そうだ』と言いながら、たくさんの学生が『その主張をもとにやっていこう』と気勢《きせい》を上げる」というような場面が多々ございます。

大隈重信　うんうん。

九鬼　こうしたものは、当時の気風でもあったかもしれませんが、今も、早稲田大学には受け継《つ》がれていると思います。

私どもも、「人々を注目させ、そこで発言し、自分たちの主張を通していく」という手法を考えていきたいと思っていますが、何かアドバイスをお願いします。

大隈重信　早稲田も、ちょっと、マンモス校化してるので、なかなか、この精神が行き渡っとるかどうか、今、わしも疑問がないわけではないんだけども。

やっぱり、みかん箱の上に立って演説するぐらいの気力がないとなあ。それが政治家の始まりやからさあ。そのへんからいかないと。

「自分が有名だったら当選する」とか、「学歴がいいと当選する」とか、「親が偉かったり資産家だったりしたら当選する」とか、そんなようなものには、やっぱり、挑戦せないかんと思うんだよな。

それに対して、「みかん箱の上に立って、口一つで戦う」っちゅう精神を持ってなきゃいかんと思うなあ。

「英語は格闘技」と思って、「攻める英語」の習得を

大隈重信　だから、君ら、大学をつくるんやったら、雄弁会的なものを……。もう、早稲田の雄弁会も、昔の政治家で年を取ったのがだいぶいるとは思うけども、だんだん弱ってるような気はするので、もう一度、君らが、日本語も英語も両方で、雄弁会ができるような人材をつくらないといかんねえ。

英語だって、グワングワンに鍛えりゃ、格闘技になるんだよ。もし、テレビのニュースかなんか出て、外人と英語で格闘して、ねじ伏せるようなところを見せたら、これはねえ、柔道で勝ったのと同じような気分が出ると思うなあ。

九鬼　なるほど。英語は格闘技だと。

大隈重信　そう。格闘技に、今、もっていかないといかんと思うなあ。ねじ伏せるところまでいったら、グウッといくよ。

ただただ聞いてしまうカルチャーがあるからさあ。それを、ガアーンとぶん投げるところやなあ。「君ねえ、英語を勉強したかったら、日本に来たほうがいいよ」って言い返すぐらいのあれは、言わないかんな。

九鬼　ありがとうございます。この発想の転換《てんかん》が非常に大事だと思いました。

大隈重信　「中国や韓国なんかに、英語で負けてる」みたいな言われ方をするのは、わしは極めて気に食わない。極めて気に食わん。

九鬼　当時の日本も、やはり、進んでいたわけでございますから。

大隈重信　うん、そうだよ。

九鬼　早稲田大学は、今でも、中国や韓国からの留学生が多いのですが、幸福の科学大学も、各国から学びに来ていただけるような大学にしていきたいと思っています。

大隈重信　安倍さんも、ちょっとは留学したみたいだけど、まともに勉強して卒業してないらしいからさあ。

もうちょっと英語できたらなあ。国際会議でグワングワンに討論できるぐらいまで英語ができたら、〝武器〟はだいぶ違うのになあ。原稿を読み上げるぐらいまでなら、できるんやなあ。原稿を事前に英語で用意しとって、まあ、官僚が書いとるんやろうけども、それを読み上げたりするぐらいで、生《なま》のやつは通訳がついてないと言えないだろう？　あれが、もし、ガンガンに格闘技風にやれるんやったら、もっと強うなるよな。

もし、英語で生でディベートできるんやったら、中国の政治家にも勝てるよ。彼らは、「英語は、全体的には、日本人よりもいいスコアをあげてる」っちゅうて、今、宣伝してるんやろうと思うけど、偉《えら》あなっとる人たちは、英語で格闘できるほどは、できやしないよ。

そこまでやると、アメリカに洗脳されるからさあ。だから、そこまではやらせないんだよな。

留学した留学組は、ある程度、実業家をしたり、政治家でも、ある程度のエリートではあるんだけど、上のトップテンには、なかなか入れないようになってるんだなあ、中国の場合はね。

（留学組には）アメリカの資本主義が頭に入り込んでる。だから、中国の国体が崩れるから、上にはあんまり上がれないようになっとるんだ。

だから、交渉する相手は、そこまではできないからさ。これを英語でグワングワンにやってやったら、劣等感を感じさせることができるよな。

九鬼　なるほど。英語力は、中国に勝つ一つの方法であると。

大隈重信　そうそうそう。韓国に対しても一緒だ。

九鬼　英語でディベートできるようにすることが、人材養成として非常に有効であるいうことですね。

大隈重信　ほかの言語もやるんだろうと思うけれども、第一優先は英語だよな。だから、英語でディベートをして打ち勝てるぐらいまで、中身もつけてなあ、それをやらさないとあかんと思うよ。これを隠し技《わざ》として、社会に出したら、力の差がはっきり分かるから。

政治家で、そこまでいけてる人はほとんどいないし、外務省あたりだったら通訳ぐらいする役人はいると思うけど、役人は受け身やからさあ、基本的に。だから、自分から発信してガンガン交渉するのは、そんなに得意でないな。防戦一方の言い方をするじゃない？　な？　だいたい、失点を出さないような言い方をするから、まだこれ十分じゃないなあ。

実業家だって、海外で実業をやるときに、「攻める英語」を使えたら、全然違うと思うなあ。

もちろん、ほかの言語もやれたらいいけど、そんなに多芸《たげい》にはなれないかもしれないからな。まあ、「一芸に秀《ひい》でる」という意味では、そういうことやなあ。

九鬼　「攻める英語」ですね。ありがとうございます。これをキャッチコピーにして、英語教育を進めてまいります。

大隈重信　うーん。

7　宗教教育は、異次元発想の源《みなもと》である

日本人が今、伸び悩んでいる原因とは

黒川　それから、人間幸福学部に対しても、ぜひご指導を頂きたいと思っております。

私は、人間幸福学部のほうを担当させていただくのですが……。

大隈重信　おお、おお。

黒川　大隈先生は、前回の霊言で、「過去世《かこぜ》では修道院の院長みたいなものをされていた」とおっしゃっていました。また、大隈先生として地上に生きていらっしゃったときも、佐賀藩の致遠館《ちえんかん》で、キリスト教の宣教師《せんきょうし》から『新約聖書』を学ばれています。

ですから、「宗教的な精神を大学教育のなかに入れていく」という精神的伝統が、早稲田大学の底流にも流れていると思うのですが、学問の世界に、宗教あるいは信仰という精神が入っていくことの意義について、ご指導いただければと思います。

大隈重信　「言論の自由」を認める以上、「信教の自由」は、当然、並立《へいりつ》しなきゃいけないよな。信教の自由がないところに、言論の自由があるはずはないなあ。

だから、信教の自由が当然あるべきだし、「宗教は禁止する」っていうことになったら、とたんに言論はすごい狭い世界になってくると思うなあ。

「唯物的なこの世の世界だけのことしか、報道もできなければ、発表もできない」とか、「常識人として、『あの世がある』と言ったら、笑われる」とかな。

大学卒業生としては、あの世の話をすると、「まさか、昔の田舎《いなか》のおばあちゃんみたいなことを言うとる」みたいな感じで言われるんやろうからなあ。

やっぱり、「信教の自由の後退は、基本的には、言論の自由の後退を招く」と考えていいと思うよ。

信教の自由でも、例えば、今のイスラム教みたいに、あまりに固まりすぎて、身動きが取れないようなことになるのは、ちょっと……。あれは、もしかしたら、信教の自由はないのかな。一神教だから、信教の自由はないのかもしらんけども。

まあ、「宗教を選び取って、宗教的バックボーンで、いろんな話をしても構わない」っていう自由があるほうが、言論の自由にはなりやすいし、また、宗教は、発想の源《みなもと》だからねえ。

とにかくねえ、宗教をやっとらんから、日本人が今、伸び悩んでるんだよ。ユダヤ人だって、「ノーベル賞がいっぱい出てる」って言うても、基本的に、小さい頃から、『旧約聖書』を読み込んでいるというか、絵本代わりに読み聞かされて育ったことが、頭への刺激として非常に役に立ってるなあ。

神の世界創造とか、神の言葉とか、善悪とか、いろんな智慧《ちえ》について歴史的に教えてくるからさ。そういうものがあるから、あれは、ある意味での、幼児の英才教育になっとるんじゃないかと思うんだよ。

宗教教育っていうのは、基本的に、発想教育としては、もう英才教育に当たるんですよ。地上にないものを教えてくれるから。

地上にあるものは、地上の人が考えたことでつくり出せるから、何でもいいけども、宗教教育っていうのは、異次元発想のもとになるので、これをやっておれば、「今、地上にないもの、考え方」や、そういう「感性みたいなもの」が降りてくる。

だから、芸術とか、文化のほうに進む人は、宗教をやってないと、インスピレーションは一切《いっさい》湧《わ》かないと思うなあ。

ガラクタと一緒に真実を捨ててしまった日本の学問界

渡邉　私は、早稲田大学の文学部にいたのですが、文学部では宗教の扱いが非常に低く、唯一、宗教学と言えるようなものとして、東洋哲学と西洋哲学があったのですが、そこは、俗《ぞく》に〝左遷《させん》先〟と言われていました。単位を取れなかった人たちがやむをえず行き、「非常につまらない、ガチガチの昔の哲学を学ぶ」という扱いになっていました。

大隈重信　うーん。

渡邉　一方、幸福の科学学園では、生徒たちの日常生活のなかに信仰が入っていて、大川総裁の創立の精神が、非常に発信力のあるかたちで学園のなかに入っています。

しかし、一般の大学では、どうしても信仰を学問と切り離し、自分たちの心のことと思わなくなり、大学における宗教の地位が低くなっています。そこは非常に問題であると思うのですが。

大隈重信　これねえ、明治の維新で文明開化して積み残した部分じゃないかと思うんだよなあ。

文明開化したら、ほんとはキリスト教精神が入ってきて、「神と人間」っていう問題は当然出てくるし、たぶん神や天使も出てくる〝あれ〟だけど、キリスト教だけは……。まあ、クリスマスだけは別だけどな。クリスマスだけは、みんなキリスト教徒になるみたいやけども（笑）、それ以外は関係がない。要するに、キリスト教精神は十分には入らなかった。

キリスト教系の大学がたくさんできたから、ちょっとは教えておるんだろうけど、しかし、「信仰がある」とは言い切れないよな。（キリスト教の）授業があるというだけで。

だから、教えている人たちも、どの程度まで確信を持ってるかどうか、分からない。奇跡とか、霊界のことについては、ほんとは分からないので、歴史的な『聖書』の言葉を学ぶとか、イエスの考えを学ぶということはあっても、それ以外については述べられない。そして、「それは新宗教や超能力の世界のほうに分類されるほうになってくるから、学問に適さない」みたいな考えに、もしかしたら、なってるかもしらんと思うんだよな。

これは、日本が文明開化して、古い昔の伝承《でんしょう》とか神話とか迷信とかと思われるものを排斥《はいせき》していった歴史の産物なんだろうけども、実は、このなかには間違いがあり、一緒に真実まで捨ててしまったね。ガラクタと一緒に、真実まで捨ててしまったところがあるんじゃないかと思う。

これはねえ、やっぱり、考え直すというか、もう改革を必要とするね。

宗教は、いろいろなものを含《ふく》んだ「万学《ばんがく》の祖《そ》」である

大隈重信　特に、いろんな大学で宗教学を教えている人たちが、霊界を知ってい

ない。「人間が死んだら、あの世に還《かえ》って、霊になる」なんてことさえ信じてない。

こういう輩《やから》はですねえ。まあ、要するに、神も仏も信じてない人が、宗教学者や仏教学者を名乗って教えてるんですよね。仏教学でもそうですよ。教えてる。お葬式を出す僧侶を養成する大学で、学長が、「死んだら、もう何もかもなくなる」みたいなことを平気で言うとることがあるわけで、これは、はっきり言えば、後れだよな。

坐禅《ざぜん》とかだったら、「ただ坐《すわ》るだけでいい」と、道元《どうげん》は言うたんかもしらんけど、坐るだけでええわけではないでしょう? それは、悟りを求める入り口が坐禅で、坐ることだったんじゃないのか。なあ?

わしみたいに片足が飛んだら、坐禅もでけへんからさあ。これでは悟れんのかい? そんなことないだろ? 違うでしょう? そういう意味じゃないでしょう?

いや、それ唯物論《ゆいぶつろん》になっているよな。かたちだけで言えばな。創業者が生きてるときは、分かるかもしれん。しかし、だんだん、そこで固まっていく可能性があるので、ここのところは、常に開いていく努力はせないかんと思うね。

哲学とか称すると、学問みたいに見えて、ちょっと、箔《はく》が付くっていうことやろ？

早稲田の東洋哲学は、野末陳平《のずえちんぺい》君（放送作家・元参議院議員）ぐらいしか、知られている人はいないんじゃないか。占い師をして国会議員になれたっちゅうのは。金儲《もう》けも、ちょっとうまかったっちゅう……、まあ、あのあたりだなあ。海江田万里《かいえだばんり》とかいうのは、野末陳平君かなんかの薫陶《くんとう》を受けた人なんじゃないかなあ。秘書かなんかしてたんじゃなかったっけ？

九鬼　そうですね。大学は違うようですが。

大隈重信　大学は違うかもしらんけどなあ。

まあ、あのぐらいしかいないからさ。もう、すごくマイナーだよな。

宗教学科も仏教学科も、みんなちっちゃくて、お寺の跡継《あとつ》ぎかなんか、ほんとに単位を取れないような人が行くようになってるけど、これは人気がなくなって落ちてるわけだから、盛り返さないかんわけや。

「宗教っていうのは、もっともっと立派なもので、優れたもので、先端的なものので、いろんなものを含《ふく》んだ万学《ばんがく》の祖《そ》なんだ」というところを、もう一回、引っ繰り返さないといかんと思うんだよ。

君らの宗教は実学を含んでるから、十分役に立つと私は思うけどね。

普通の宗教学科の場合、ほんとに、教えてる中身が役に立たないことが多いために、「役に立たない人が教えて、役に立たない人間をつくって、引き取り先（就職先）があるか」っちゅうことになると、厳しいっちゅうことかなあ。だから、それは、改革を要するな。

今、「価値観の転換」が求められている

黒川　幸福の科学大学は、「宗教が学問の進歩に寄与する」と考えています。

今、大学を設立しようとしているなかで、いちばん感じるのは、「今の学者さんたちには、『宗教は、学問の自由を阻害するのではないか』という考え方があるらしい」ということです。中世のトラウマがあるのかもしれませんが、こうした宗教に対する誤解を取り除き、「信教の自由が、学問の自由を増進させ、促進させる」ということを、どのように説得していけばよいでしょうか。

大隈重信　少なくとも、それはなあ、西洋、キリスト教の文明において、中世以降、そういうことがあったことは歴史的には事実だと思うけど、日本では「宗教が学問を阻害した」っていう歴史があったとは思えないねえ。

日本ではそんなことはないし、明治以降、先の大戦までの間は、確かに国家神道が強くなったために、他の考え方がやや制限された部分はあるから、多少そういう面も「ない」とは言えないかもしれないけれども、基本的には、文明開化の時代に西洋の学問が入ってきたときに、「宗教は迷信」と分類した哲学者たちが、まあ、これは主として東京帝国大学だと思うけども、そのへんが、宗教を迷信扱いしたあたりから始まっているんじゃないかと思うんだよな。

西洋の学問として、キリスト教がズバッと入らなかったところがあるからねえ。だから、これはやっぱり、うーん……。まあ、日本も、宗教家の質がちょっと足りなかったのかなあ。

今、やっとレベルが上がってきつつあるんじゃないかな。（明治時代の）宗教は、迷信を信じるような人だけを相手にして、やってるようなところがあったからなあ。

それと、今は、宗教学者も、だんだん、無神論・唯物論のほうに傾斜《けいしゃ》して、なあ？「葬式無用論」とか、「0葬《ゼロそう》」とか言うやつが出てきよって、ほんまに、もう〝無間地獄《むけんじごく》〟だよ、これ。

僧侶《そうりょ》も宗教家も、みんな首括《くびくく》りになるよ、このままだと。廃業もしなきゃいかんけども。もう、「役立たずで要《い》らん」って言うとるのと一緒でしょ？やっぱり、それは、思想的には戦わないといかんと思いますねえ。いちばん大事なことを、いちばん価値のないことのように言うてるわけですから。

「豚に真珠《しんじゅ》」っていう言葉はあるけどさ、キリスト教にも。いや、豚は、ここ

（幸福の科学）では〝神聖な〟動物なのか。言っちゃいけないのか（笑）。ああ、それはいけないのかもしらんけども、とにかく、その「豚に真珠」という言葉で表されるように、「真理の正しい大事なことを教えても、踏みつぶしてしまって、泥のなかへ埋めてしまう」っていうか、まあ、そんなような状態になっとるのでなあ。

これは、「価値観の転換」が非常に大事だと思うなあ。ほんとねえ。

黒川　信者さんの、ある大学教授は、「学術論文や学会発表などで宗教的なことを言うとバッシングを受けるので、なかなか表現できない」ということで、非常に悔しがっておられましたが、私たちは、そういう日本の学界の風潮《ふうちょう》を変えていきたいと思っています。

大隈重信　わずか百年ちょっとの話だからねえ。そう言っても、長いわけじゃないから。何千年も弾圧されてたら、きついけども、そうじゃないから。長い時間で見りゃ、宗教のほうが圧倒的に優位にあったのは事実であるので。

わずか、明治の前後あたりから、西洋のほうも科学が発展してきて、だんだんに……。まあ、研究対象が唯物的なものだからねえ。（霊的なものが）入っていく余地が全然ないからさあ。それをやっているうちに、そういうふうになってくるわけだけど。

まあ、いずれ、常識を破らないかんのじゃないかねえ。生命の誕生・発生・創造（の研究）をやっていると、だんだんに分かってくるものが出てくるんじゃないかねえ、きっと。

8　宗教心を育てないのは国の宝を減らすこと

憲法改正は、九条だけでなく、信教の自由のところも必要

渡邉　大学では、宗教は学問として低く下げられているだけでなく、学内で伝道することもまた難しいのです。

統一協会が学生に交じって布教《ふきょう》していたり、革マル派が運動したりしているのと一緒にひっくるめられてしまい、「新興宗教が、学内で布教活動することを禁ずる」ということで、私の在学中、張り紙が出されたことがありました。

学園祭などで伝道しようとすると、「ここからは駄目《だめ》」ということで、チラシなどを回収されたこともあります。そうしたことについては、どのようにお考えでしょうか。

大隈重信　これについては、今、安倍首相が宗教性をちょっと高めようと努力はなされてるようだけども、「そういう教育をずっと受けることは不幸だ」っていうことを、もうちょっと知らないといけないと思うんだよ。

だから、「宗教心を育てないっていうことは、国としての宝を減らしていくことであるし、国の尊厳《そんげん》を失うことであるし、国民としての自信を失わせることになっていくんだ」っていうことを。

まあ、先の敗戦の後遺症《こういしょう》から、全部、きているんだと思うけどね。

例えば、受験で合格祈願して（手を一回叩《たた》く）、受からんかったら、「こんな神様は信じへん」って言う人はいるよ。な？　これは、はっきり言うて、偉《えら》い人ではないよ。凡人《ぼんじん》だわ。な？　あるいは凡人以下だけども、要は、「御利益《ごりやく》宗教以外は宗教でない」と思うとる人たちだな。

要するに、「あんなに神様を応援して、お祈りしとったのに、先の大戦で負けたから、この神様は御利益がない。日本の神様は全部役立たずや」っちゅうことで、「御破算《ごはさん》にして、ペッと捨ててしもうた」みたいな感じになっているところがあるよな。

だけどさあ、キリスト教だって、イエスは、この世じゃ負けた神様なんだよな。この世で負けた神様が、あれだけ世界に広がったわけだから、君らは、やっぱりレトリックっちゅうか、弁舌による、「観《かん》の転回《てんかい》」を成し遂《と》げる力を持たないといかんわけよ。

だから、「宝くじを引いて、当たるようなのが宗教だ」と思ってるような輩《やから》はねえ……。「引いても、御利益がなきゃ当たらん」とか、そういう〝あれ〟になっているので、ちょっと、これは反省せないかんな。

大学で（宗教が）一般追放になったら、これは、大学で憲法違反をやってるのと一緒だからさあ。

憲法改正も、九条だけじゃなくて、信教の自由のところも、やっぱり、うん。（憲法二十条は）「国及びその機関が、特定の宗教を応援しちゃいかん」っていうような〝あれ〟やけど、要は、「宗教が権力行使をしちゃいかん」というふうに、どうも見えてる部分があるんだろうと思うので、ちょっと、ここを反省して、政治的にも考え直さないかんと思う。

そして、キリスト教系の大学だけは、ちょっとだけ野放《のばな》しになってる部分はあると思うんだよな。自分の学内で、自分のところの教義についてやるのは構わない。ただ、そこも、ほかのに入られるのは嫌なんだろうけどね。

幸福の科学は「差別化」をもっとはっきりしていけ

大隈重信　まあ、新宗教には、一般には、全体に厳しいようだけども、やっぱり、差別化をもっとはっきりしていかないといかんし、啓蒙《けいもう》が足《た》りてないよな。

宗教学のほうも、学問の力が弱すぎるために、価値判断から逃げてるからね。「『これはいい宗教。これは悪い宗教』っていうことは言わないことにします」っていうのを前提にして言うとるけど、じゃあ、科学の分野は実際にそうなのかい？「正しいか正しくないかは見極めないのが、科学です」っていうので通るか？どうだい？通らないでしょう？

九鬼　通りません。

大隈重信　通らないでしょう？　正しいかどうかでしょ？（科学も）正しいかどうか追究しているでしょう？　ほんとかどうかを追究してる。

宗教でも、やっぱり、そうでなければいけないと思う。ある意味での価値判断は当然出てくると思うけども、「全部が上がるか、全部が下がるか」っていうかねえ、「全部隠すか、全部上げるか」みたいなのは、ちょっと、問題はあるなあ。まあ、信教の自由はあってもいいんだけども、ある程度、（宗教に）差がつくのは当然だと思うね。自由競争の結果、差は出てこなきゃいけないんじゃないかねえ。

統一協会なんかも、前は、自民党を選挙でずいぶん応援してたからね。勝共連《しょうきょう》合をつくってるから、裏側でね（注。勝共連合とは、統一協会教祖・文鮮明《ぶんせんめい》が創設した反共産主義の政治団体）。

勝共連合ということで、みんな安心して乗ってたけど、「壺《つぼ》売りとか、いろんなもので被害を受けた」とかいうのを、左翼の弁護士たちにいっぱいつくられて、攻め込まれ、それで、だんだん選挙の応援もできなくなっていっているわけだから、このへんは、いたちごっこみたいになってるんだと思う。それで、政治家が宗教を表に出すことは、あんまりプラスにならないことになってるからねえ。

だけど、マスコミの倫理は、どう見てもだね、彼らが考える善悪の判断基準は、どうも、キリスト教精神的な意味での善悪で考えている気《け》は強いですな。

だから、分からないんだよ。ほんとは、マスコミだって善悪を決めなきゃいかんのや。まあ、宗教みたいなところがあるんだけど、この判断基準が分からない。マスコミ学で、善悪をはっきりと書いてるものはないですよ。何となくやってるんであって。

だけど、その裏にあるのは、おそらく、キリスト教的なるものを、留学したりしてる人とかも多いから、そういうものを、ちょっと、価値観として含んで、物事を見ているんじゃないかなあと思うな。

これは、宗教の側も頑張らないかんと思う。うん。頑張らないかん。君らのところは、科学とも対立しないところを見せようとしてるんだろうからさ。科学を含もうとしてるところもあるんだろうからさ。

人間幸福学部は、成功型のプラス波動の人間を輩出せよ

大隈重信　「宗教をやったら不幸になる」っていう迷信が広がってる。

さっきのワセジョと一緒でね、「ワセジョは〝売り〟です。〝買い〟じゃありませんよ。もう買ったらいけませんよ」って、株屋さんが言うかもしらんけども、それと同じで、「宗教をやったら不幸になる」っていう迷信が、日本中に溢《あふ》れて

るんだよ。

そのなかで、今、畑を耕《たがや》してる状態だからね。やっぱり、「人間幸福学部は、まさしく、この宗教をやって、成功型のプラス波動の人間をつくっていく。それにより、世の中を元気づけ、勇気づけ、道を開いていける。実際に、卒業生たちが道を開いて成功者になり、世の人たちを幸福にする。お役に立つ」っていうところを見せてしまえば、「宗教をやれば不幸になる」っちゅう考え方は外《はず》れてくると思うね。

これは、やってのけないといかんのじゃないかなあ。

黒川　ありがとうございます。人間幸福学部では、人々を幸福にする新しい学問を切り開いてまいりたいと思います。

大隈重信　もし、抵抗する勢力が多いんだったら、宗教は不幸になるはずだから。

黒川　そうですね。

大隈重信　「人間幸福学部っちゅうのは、看板に偽《いつわ》りがある。人間不幸学部にせえ」って、おっしゃってくるかもしらんけどね。

幸福も不幸も分からないなら、「人間文学部かなんかにしろ」って、どうせ言ってくるんやろうと思う。「文化部かなんかにしなさい」っちゅう、まあ、そういうところなんだろうけどなあ。

やっぱり、それはねえ、幸福にするものでなきゃいかんと思いますよ、基本的にね。

黒川　はい。学部の名称もしっかりと守り抜いてまいります。

9　国の基本教義となっている〝憲法信仰〟

宗教に代わって、憲法を信仰している戦後の日本人

黒川　話が少し変わるのですが、先ほど、信教の自由に絡めて、憲法改正のお話がありました。

大隈先生は、ご生前、憲法制定に向けてご尽力されましたが、その視点から、今の「憲法九条改正」や「集団的自衛権の行使容認」などの議論を、どのようにご覧になられているでしょうか。

大隈重信　いやあ、政治家が小さいなあ。スケールが小さくて、なんか、見てられないなあ。

わしらは、自分たちで憲法をつくった時代だからさあ。「憲法なんちゃあ、政党の力で、まあ、話し合ってつくれるもんだ」っちゅうことは知ってるからさ。別に神の言葉じゃないよ（笑）。

人間が力比べしながら、つくっていくものであってねえ。これを、戦後は、神の詔《みことのり》みたいに戴《いただ》いて、不磨《ふま》の大典《たいてん》になってしまった。

明治憲法も、不磨の大典とも言われたことはあるけど、つくったのは人間だよ。その当時の人間たちが、時流《じりゅう》を見て、「こんなもんかいなあ」っちゅうて、欧米の勉強もしながら、つくったものだけども。

それを、ＧＨＱが〝空から降りた神〟みたいになってさあ。一週間くらいでつくってくれたやつを、後生《ごしょう》大事に一字一句変えずに、七〇年も過ごしてきたって、もう、奇跡だよな。現代における奇跡。

これはねえ、君、ネッシーを捕獲《ほかく》したようなもんや（会場笑）。「おお、やっぱりおったか！　網《あみ》にかかったあ！」って言って、水族館でネッシーを飼ってるような状況だなあ。

まあ、信仰をなくして、〝憲法信仰〟が、要するに、宗教の信仰に代わってると思うよ。すり替えられてるんだと思う。これが国の基本教義になってるんだと思うな。だから、反対する抵抗運動がすっごく強いんじゃないかなと思うけど。

（憲法を）つくったやつの顔を並べてみて、「これが神様か」と問うたら、拝《おが》めるかと。つくったやつは十名ぐらいかもしれないけども、その顔を並べて、経歴を並べて、「こいつらがつくったんだけど、新しい日本の国家開闢《かいびゃく》の神様として、十人いるとしたら、十柱《じゅっちゅう》の神として拝むんかい」っちゅうことを言って、そんなに偉い人かどうか、経歴を死ぬところまで全部調べてみればいい。結果を見たら、大したことなくて、そのなかに大統領になった人もおらんでしょう。

ごく普通の……、まあ、普通ではないかもしらん。ちょっとインテリかもしらんけれども、インテリ階級の人たちがつくったもんでしょうけども、〝空から降りた神〟になってしまったわけだな。

どこかで、やはり、〝憲法信仰〟よりも、もっと尊いものがあることを示して、これ（憲法）については、人間にとって都合のいいように上手に話し合って決めていけばいい。

憲法なんか、自分でつくられるもんだと思ったし、なくてもやれるもんだからね。慣習法としてだったら、なくてもやれるもんだし、実際は、天皇制は、ほんとは慣習法だよな。昔から続いてるものであって、これは、憲法があろうがなかろうが、関係なく存在してもいいものだ。ちょっと無理して、今の昭和憲法のなかに入れてるようやけど、これは慣習法だよな。天皇制もそうだと思うよ。法律で括《くく》らないかんところとして、手続き的なところはちょっとあったりするとは思う。「天皇様に税金を課していいのかどうか」みたいな議論もあるだろうけどさ。まあ、そういうものは要るんだろうとは思うけど、「成文《せいぶん》憲法で、それを認めるかどうか」っちゅう……。別に、考え方としては、どちらでもいいんじゃないかと思うな。

「わしらから言うと、（憲法九条は）屈辱《くつじょく》やな」

大隈重信　しかし、九条に関しては、日本人は非常に善意に受け取ったわけで、「戦後、それがよかったから」っちゅうことで（改正反対と）言うとるんだろうけども、わしらから言うと、屈辱《くつじょく》やな。はっきり言うて、「刀狩《かたなが》り」に相当する。

これは「刀狩り」「廃刀令《はいとうれい》」に当たるものだ。「日本から武士階級を追放する」と言ってるのと一緒ですからね。

そりゃあ、外国も一緒でしたら、いいですよ。外国も、廃刀令と同じく、「ピストルを持ってはいかん」みたいな感じで、「戦わない」っちゅう状況やったら、よろしいですけど。そんな動きは一向に見えんなあ。

それどころか、軍備増強してる国もあるわけやからさあ。それに対して、何ら、手足が縛られて動けないっていうか、自分らで縛ってるんやったら、問題があるんとちゃうかな。

ワセジョの話じゃないけど、早稲田みたいな、何《なん》の囲《かこ》いもないような大学から、夜の十一時ぐらいに、赤いミニスカートを履いて、腰を振りながら出てきたらねえ、君、婦人警官が囮《おとり》で痴漢《ちかん》を捕まえてやろうと思って、やってるっていうんなら分かるけど、普通は、ちょっと無防備すぎるよな。時間が遅うなったら、エスコートをつけるなり、ちゃんと車で迎えに来るなり、地下鉄にちゃんと乗るなりしないとなあ。

九鬼　今、早稲田も、囲いがちゃんとできています。

大隈重信　あ、できたの？　そうなの？　田んぼのなかで、ちゃうんか？

九鬼　やはり、いろいろと事件が起きたらいけないということで。

大隈重信　え？　田んぼのなかに建ったんちゃうかった？

九鬼　今はフェンスがありますね。

大隈重信　フェンスができたの？

渡邉　できました。

大隈重信　そらあ、いかんなあ。野獣《やじゅう》が入ってこれんじゃん（会場笑）。

10　大隈重信の「転生《てんしょう》」を探《さぐ》る

ヘルメスの時代には大臣をしていた

九鬼　ところで、本日は、「大隈先生の転生《てんしょう》を追究せよ」ということで、命《めい》を受けております。

大隈重信　うん。

九鬼　私が「追究せよ」とのことでございまして……。

大隈重信　うん。

九鬼　どうでございましょう?　いろいろと立派なご転生をお持ちかと思いますので、明かしていただけないでしょうか。

大隈重信　まあ、そらあねえ、転生のなかには有名な者もおるし、しゃべりたくない者もあることはあるからさあ。うーん……、難しい。

黒川　前回の霊言では、「ギリシャのヘルメスの時代に大臣をされた」というお話がありました。

大隈重信　ああ、あったよなあ。やっとったと思うな。だけど、ヘルメス時代っちゅうのは、もう神話のなかに入っとるからさあ。学問的には、もう完全な神話だからさあ。そらあ、あれだな。

（聴聞席《ちょうもん》にいた「ザ・リバティ」編集長の綾織《あやおり》を指して）あっちで、取材したかったやつが、ウロウロと挙動不審《きょどうふしん》な動きをしとるわ。「君らでは追究力が足りんので、駄目《だめ》なんじゃないか」と思って。

（聴聞席に向かって振り払うしぐさをする）駄目なんや！　一橋《ひとつばし》は入《い》れんのや（注。綾織は一橋大学卒）。あかんのや（会場笑）。今日は入れんことになっとるんや。早稲田に来てから言え。うんうん。

まあ、神話やからなあ。（ヘルメスの生涯を描いた『愛は風の如く』〔幸福の科学出版刊〕に）「活躍したことがある」と書いてくれてないけど、「そうだ」と自分で言うとるということやな。

九鬼　「武器・弾薬《だんやく》等の供給をされていた」ということですが。

大隈重信　そうやなあ。政治家でもあったしな。

九鬼　政治家でもあったんですね。

大隈重信　うん。うん。

ギリシャでは、有名な雄弁家《ゆうべんか》としても転生《てんしょう》している

九鬼　そのあとは、ローマとか、中国とか、そういった所に出られたのでしょうか。

大隈重信　ギリシャで雄弁家《ゆうべんか》だったような記憶があるなあ。ギリシャの雄弁家の一人なんじゃないかなあ。まあ、名前がないわけではないぐらいの雄弁家だと思う。

君らの歴史……（笑）。これで、もし、早稲田の学力がばれると、まずいから（会場笑）。わしはこれを言うのは恐ろしゅうて……。

九鬼　そうですね。

大隈重信　そうそう。まずいことはまずいが、答えられそうにない連中が（質問者に）並んどるので、ちょっと危ないなと思う（会場笑）。

まあ、雄弁家として有名な、ギリシャ時代の過去世《かこぜ》を持つ男であるということは言えるよな。雄弁家で、何人挙《あ》げられる？

九鬼　追究が十分にできないので、申し訳ないのですが。

大隈重信　早稲田の学力を明らかにするのはいかんでしょう！

古代日本では、仏教推進派の豪族《ごうぞく》の一人

黒川　「江戸時代には儒学者《じゅがくしゃ》として出られた」とのことでしたが。

大隈重信　儒学者？　江戸時代ですか？　江戸、江戸……、そこまで飛ぶかなあ。ギリシャ、ギリシャ……。ギリシャは出た。間違いない。これは間違いなく出た。

九鬼　ローマはいかがでしょうか。

大隈重信　ローマではなかったような気がするなあ。

ローマには出とらんような気がする。

いやあ、それから、あれですよ。確かに、古代の日本にも、〝一個〟出てるような気がするな。ギリシャのあと、〝一個〟出たような。

渡邉　時代などはお分かりになりますか。

大隈重信　そうやなあ。なんか、あれをやっとった頃《ころ》だった気がするねえ。仏教が日本に入るかどうかで、もめとった頃のような気がするなあ。

渡邉　飛鳥《あすか》時代？

大隈重信　ああ、あのへんの争いが、だいぶあった頃のような気がするけど。うん、あの頃に生まれとる。一回生まれとるな、わしは。

黒川　仏教を導入する側で？

大隈重信　これも追究すると、君らには非常に不利なことが起きる可能性がある。早稲田の学力をばらしたくないので。まあ、日本史を専攻してない人もいるからね。たまたまね。まあ、難しい。アッハッハハハハ！

渡邉　蘇我《そが》氏の側だったんですか。物部《もののべ》氏のほうですか。

大隈重信　どっちかと言うと、仏教推進派と見てよいかなあ。名前はあるよ。あるけども、早稲田大学を今、日本史で受けて、合格するぐらいの学力がないと、名前を当てることは難しいかもしらん。ハッ！

黒川　蘇我氏の側でございますか。

大隈重信　君も、古うなったからなあ。もう厳しいな。（渡邉を指して）このあたりも、そろそろ消えかかっとるんや、知識がな。

まあ、有力な、有力な、仏教推進の豪族《ごうぞく》の一人であったというふうに考えていただいてええかな。

渡邉　名字に蘇我が付きますか。

大隈重信　まあ、付いてもええかもしらんなあ。

渡邉　では、入鹿《いるか》？　馬子《うまこ》とか？

大隈重信　入鹿と馬子は知ってんのか。それ以外は知っとるか？　きついか？　まあ、早稲田を試すのは、わしは好きでないんじゃ、あんまり。

渡邉　（笑）

大隈重信　もう（学力が）ばれるから。蘇我ねえ。入鹿ねえ。いろいろいるけどもねえ、それは。

九鬼　（会場から「稲目《いなめ》」という声があがる）「蘇我稲目ではないか」という声が、

会場から出ておりますが。

大隈重信　もうちょっとだな。雑誌の編集者（綾織のこと）が悔《くや》しがっとるわ。悔しがっとる。

九鬼　やはり、蘇我馬子ではないですか。

大隈重信　うーん……。どうやろうねえ。(弓《ゆみ》を引いて狙《ねら》いを定め、矢を放つしぐさをする)

九鬼　弓？

大隈重信　うんうん。弓矢の達人だった。まあ、弓を引くのが割にうまかったんやけどな。

（聴聞者らが議論しているのを聞いて）ハッハッハッハッ。

九鬼　（会場から「聖徳太子《しょうとくたいし》の部下に弓が得意な人がいた」という声がかかる）聖徳太子の下《もと》でお仕事をされていて、弓を引かれていたということですか。

大隈重信　うん。まあ、弓を引くのはうまかったなあ。まあ、ヒントやな。これからあとは検索で。

九鬼　検索？

大隈重信　いやあ、グーグルで。

九鬼　では、〝人間グーグル〟（黒川のこと）で（笑）。

大隈重信　〝古代グーグル〟は、生きとるかどうかは知らんが、これから先は、「聖徳太子の側を応援すべく、弓の名人であった者は誰か」、はい、クイズです。はい、はい。まあ、そのへんでやめないと、危ないな。

九鬼　はい。

幻術使《げんじゅつ》いでなければ、大学はつくれない!?

九鬼　では、その次の転生ということで（笑）。

大隈重信　その次、これはいける！　うん！　これはいけるんや！　もう日本人で知らん人は、もぐりと言ってもよいであろう。うん。

まあ、（知らない人は）いることはいるけどなあ。まあ、いることはいるけども、多少なりとも、神秘的なる思想とかに関心がある人であるならば、知らん人はもぐりと言える。要するに、早稲田のもぐりの学生みたいなもんだな。知らんかったらな。

最近は、漫画でも、有名になったことがあるでなあ。うんうん。

黒川　陰陽師《おんみょうじ》系の？

大隈重信　まあ、そういうことになるかのお。当時のＶ６《ブイシックス》みたいなもんだなあ。

九鬼　平安時代ということですね？

大隈重信　そうやなあ。

渡邉　神社が建っていたりしますか。

大隈重信　当然建っとるだろう。うん。それはそうやな。

九鬼　まさか……安倍晴明《あべのせいめい》……（注。以前、九鬼の過去世リーディングを行ったところ、過去世は安倍晴明であったことが判明している）。

大隈重信　まさかって、ほかにいないでしょう？　スーパースターっちゅうのは。ええ？

まあ、賀茂《かも》家には、ちょっと遠慮《えんりょ》しなきゃいかんとは思うが。

あなた、大学をつくったり、政党をつくったりっていうのは、やっぱり幻術《げんじゅつ》を使わない限りできないんだよ、君ね。

九鬼　幻術ですか（笑）（会場笑）。

安倍晴明（？～1005）平安時代の陰陽師。
一種の超能力者として宮廷に出入りし、政治顧問的な役割も担っていた。

大隈重信　それは当ったり前でしょう！　木《こ》の葉を金貨に変えるぐらいの力がないと、そんなもんができるわけがないでしょう？　政治家なんか、みな、幻術使いでなければ、なかなかなれるもんじゃないんだよ。

大学だって一緒だよ。「そこを通れば、ものすごい付加価値がついて、ものすごい優秀な人が育つ」っていう……、これは「幻想」とは言わない、「妄想《もうそう》」とは言わないけど、「リアルな夢」を見させないといけないわけだから、やっぱり一種の超能力が必要だよな。（大学を）つくるにはねえ。

まあ、嫉妬《しっと》されて嫉妬されて、困る面もあるが、人気もやっぱり根強いなあ。

九鬼　確かに、そうでございますね（笑）（会場笑）。

大隈重信　まあ、嫉妬も買ってるからなあ。

九鬼　はい。

大隈重信　だけど、女の子の人気も高いんだよなあ。けっこう、女性のファンが多くてなあ。もう、女性から愛念《あいねん》を送られて、困っとるんだよ。ハートがパーッ、パーッと。もう、女子《じょし》が神社にハートを奉納《ほうのう》しに来るんだ。女性が東京あたりからわざわざ神社へ来て、ハートを置いていくんだよ。

「どうしてやろうかな、この娘《こ》を。何か成就《じょうじゅ》させてやらないかん」と思って、お狐《きつね》さんというか、お稲《いな》荷《り》さんに、「ちょっと何とかしろ」とか頼まないかん

晴明神社（京都市）

からねえ。まあ、手伝いをいっぱい持っとらんと、仕事できんからなあ。いろんな人が願いごとをするから、もう、家来《けらい》を使ってやらないかんからさあ。

九鬼　当時は、陰陽寮《おんみょうりょう》が、ある種の大学の役割を持っていました。

大隈重信　最強の国家公務員だったんだな、あれはね。最強の国家公務員だったわけだ、陰陽寮っていうのは。

日本の、当時の最高の知性にして、最高の参謀《さんぼう》部隊にして、最高の超能力集団で、最高の政治のフォースであったわけだねえ。「実際に実戦を交《まじ》えることなく、相手を倒す。政敵を倒す」っていうことができたのが、この陰陽師。ええ。

質問者に「念返《ねんがえ》しをやらないといかん」とアドバイス

九鬼　そういう意味では、政治にも関わっていたわけですね。

大隈重信　うーん。だから、政治家の懐刀《ふところがたな》と言やあ、懐刀だし、救世主と言やあ、救世主だな。時の政権を護るために、さまざまな術を駆使《くし》して、護った。

君らも今よく経験してると思うけども、いろんな生霊《いきりょう》に襲《おそ》われるからな。生きてる人間でも、権力を持ってる人間や有名な人間には、悪霊《あくれい》、悪霊《あくりょう》もいっぱい来るけども、生霊にも襲われる。生きてる人間の想念を受けて、それに守護霊も乗っかって襲ってきて、なかには、祟《たた》られると病気になって倒れたりするような者もいるねえ。

大川隆法さんだって、この世とあの世のいろんなものに嫉妬されて、「倒したろう」って狙われとるのは大事《だいじ》やけども、まあ、わしだって、お護《まも》りする一助《いちじょ》はやってるわけ。いまだになあ。賀茂家も、今、入っとるので。

まあ、わしも賀茂家で育てていただいたので、わしは、女狐《めぎつね》の子、白狐《しろぎつね》の子ということになっとる（笑）。出生《しゅっしょう》不明ということにはなってる。

伝説はつきもんだからな。救世主には、伝説がつきものだから、しょうがない。しょうがないけど。ちょっと、スーパースターではあったよな。

だから、わしなくして……。まあ、当時の道長《みちなが》派《は》だけどもなあ。藤原道長《ふじわらのみちなが》派を中心とする保守の勢力だよなあ。これを護ってておった。左翼系の左遷《させん》された政治家の怨霊《おんりょう》等から護っておったのでね。これは、今で言うと、野党《やとう》から護っておったっていうことやな。

『日本を救う陰陽師パワー』
（幸福の科学出版刊）

わしは、そのスーパースターの一人だ。ほかにもおったがな。この前、君らの大阪正心館《おおさかしょうしんかん》に、派手に〝安倍晴明神社〟をつくってくれて、なんか、会員からブーイングがいっぱい出たらしいじゃない。「宗教が違うんじゃないですか」って言うて。ええ？

九鬼　すみません。

大隈重信　儲《もう》かったは儲かったけど、ブーイングが出て、なんか、〝首〟になった人がおるなあ。どっかでなあ。

九鬼　はい（注。九鬼は以前、大阪正心館の館長を務めていたことがある）。

大隈重信　そう。首を狙われるのは、気をつけないかんなあ。まだ返し技《わざ》を十分に学べとらんから、そういうことが起きるよね。念返《ねんがえ》しをやらないと、いかんわけやな。

　だから、「倒してやろう」と思って、狙ってるやつの名前を書いて、人型を五《ご》寸釘《すんくぎ》で打ちつけて、やらないかんわけよ（笑）。トントントントントントントンとやっときゃいいわけ。向こうはウンウン言い出すからさ。

九鬼　今、文科大臣のほうには、真光《まひかり》が憑《つ》いているようですが、このあたりへの念返しとか、そういう……（注。二〇一四年五月三十一日、崇教《すうきょう》真光初代教祖・岡田光玉《おかだこうたま》を招霊したところ、下村文科大臣に悪しきインスピレーションを与えていることを仄《ほの》めかしていた。『文部科学大臣・下村博文守護霊インタ

『文部科学大臣・下村博文守護霊インタビュー』（幸福の科学出版刊）

ビュー』〔幸福の科学出版刊〕第2章参照）。

大隈重信　いやあ、わしが出てきたからには、これはもう、倍返し、十倍返し、百倍返しじゃのう。たぶん、そうなるじゃろう。

九鬼　なるほど。分かりました。

大隈重信　百倍返しにして、お返しをして差し上げないかんやろうなあ。そんなに霊現象やあの世がお好きだったら、いくらでも体験させてやりましょうなあ。夜中に、いろんなものが登場することになるだろうな。アッハッハッハッハッ！　アーッハッハッハッハッハ！

助けを求めてこい、そのときは。アッハハハハハハ。

術を解いてやるから、来い！　真光に行ったって、助けは来んぞ。アハハッハッハッハ。

わしんところへ助けを求めに来んかったら、その術は解けんからなあ。今晩あたりは、巨大なガマガエルでも乗せたろうかいなあ。アッハッハッハッハッハハ、ハーッハッハッハッハッハア！

ああ、すっきりするなあ、ほんとに。

江戸時代には、大儒者《じゅしゃ》・藤原惺窩《ふじわらせいか》として生まれた

九鬼　なるほど。分かりました。せっかくですので、その次の転生なども教えていただけますか。

大隈重信　その次やな、そうやなあ、時間が空《あ》くなあ。平安時代から、ちょっと間《あいだ》が空くかな。

一回、まじめに勉強したこともあって、儒学者で潜《もぐ》り込んだことが……。いや、「潜り込んだ」っていう言葉はよろしゅうないな。江戸時代は、儒学で出来上がったからね。江戸時代の宗教的精神かつ学問は、儒学であったので、「儒学者として修行を受ける」っちゅうことは、いいことであったやろうなあ。

これを追究すると、また君らの知識が危険になるあたりになってくるかな。知ってる儒学者、何人おる？　二、三人か。

九鬼　江戸の中期ぐらいでございますか。

大隈重信　君はちょっと怪《あや》しいな。

（渡邉を指して）若いの、ちょっとぐらい知っとるんじゃないか。五人挙げて、そのなかに入っとったら、当てたるわ。

渡邉　林羅山《はやしらざん》。

大隈重信　うーん。林羅山。それから？

渡邉　藤原惺窩《ふじわらせいか》？

大隈重信　藤原惺窩。うーん。それから？

渡邉　……。

大隈重信　（机を叩きながら）早稲田はこんなもんか！（笑）二人しか言えんのか、早稲田は。ええ？

渡邉　申し訳ないです（笑）。

大隈重信　早稲田は二人しか挙がらんか。厳しいなあ。

質問者一同　……。

大隈重信　まあ、そのへんで勘弁《かんべん》したるか。うん。勘弁してやろう。やっぱり、文学士を辱《はずかし》めてはならない。だから、このへんで、もう許してやることにしよう。

藤原惺窩　じゃ。だから、まじめに勉強して、影響力も大きかった。それについては、ちょっと、「ザ・リバティ」にて解説が必要である。現代人には、ちょっと、通用しない可能性がある。字も書けんわなあ。当用漢字にないでなあ。字も書けんから、しょうがない。ちょっと、どっかで解説してくれや。

（渡邉に対して）すまんなあ。お願いして。

渡邉　（笑）では、転生のなかで、政治であったり、教育であったり……。

大隈重信　うん。教育もやる。教育家や。

藤原惺窩（1561～1619）
江戸時代の儒学者。豊臣秀吉や徳川家康にも儒学を教えた。近代儒学の祖と称される。

渡邉　さらに、神秘的で、宗教的な面もあったり……。

大隈重信　うん。そうそう、そうそうそう。神秘家であったり、政治家であったり、教育者だったり。

渡邉　すごくバランスが取れています。

大隈重信　バランスが取れた人格なんです。総合的人格なの。うん。だから、救世主の一翼《いちよく》を担うというか、あるときには、救世主のように扱われる場合もあることもあるなあ。

黒川　そういう意味では、「幸福の科学の『宗教改革、教育改革、政治改革』という流れの、まさに、その先頭に立っていらっしゃる」ということですよね。

大隈重信　そうでございますねえ。

黒川　今は、特に幸福の科学大学へのご指導において、中核的な役割を果たされているのでしょうか。

大隈重信　今、グイグイ引き寄せられてるね。グイグイ、グイグイ、グイグイっと、「わしの力を必要としてるらしい」っていう感じで、グーッと引き寄せられて、もう、あの世におれんような感じやなあ。

もう、この世の仕事が忙しゅうて、忙しゅうて、あの世にはおれへんような感じ。この世で仕事せないかんような感じがしてるわなあ。どっちかと言えば。

11 「国を発展させる魔法」を学ぶ大学をつくれ

「全国の早稲田生よ、決起せよ！」

黒川　ぜひ、われわれに、特に九鬼学長〔就任予定〕に、アドバイスやメッセージを頂ければ幸いです。

大隈重信　うーん。今回の転生は、もう無名で困っとるんだよなあ。ここらで一発、花火を打ち上げてもらわんと、困るんだなあ。

九鬼　無名であってはいけないと。

大隈重信　バンカラ精神は足りんし、パイオニア精神は足りんし、なんか、隠れて引っ込んで、コソコソと……。ディズニーのネズミならええけども、もうちょっと生産的なことをせんといかんのじゃないかのう。

右足までは吹っ飛ばされてもええけど、頭まで吹っ飛ばされたらあかんと思うなあ。わしはなあ。

やっぱり、「全国の早稲田生よ、決起せよ！」と、檄《げき》を飛ばさないといかん感じやなあ。

九鬼　かしこまりました。頭を吹っ飛ばされないように、頑張りたいと思っております。

大隈重信　いや、まあ、吹っ飛ばされてもええけどね。首がない体で歩いて、首をヒュッと持ってきて、イエスみたいに「復活した！」とか言うなら、現代の奇跡が起きるなあ。これは面白い。

首が落ちてから、くっつけるとか、それもいいけどなあ。

安倍晴明《あべのせいめい》のようなＰＲ能力を発揮するためには

渡邉　陰陽道《おんみょうどう》には、「本来、陰《かげ》の部分で、あまり表には出てこない」という印象がありますが、当時、スーパースターで一世《いっせい》を風靡《ふうび》されたということであれば、

九鬼学長〔就任予定〕にも、同じようなＰＲ能力が潜在的《せんざいてき》にはおありだと思うの

ですが。

大隈重信　「潜在的」って君、なんて、失礼な言い方するのよお。

渡邉　いや、すみません。そういうつもりで言ったのではなくて（笑）。

大隈重信　潜在的って、君、言葉の使い方が間違ってるのよ。

渡邉　すみません。教団として、もう一段、ＰＲ力を高めていきたいと思っておりますので、ぜひアドバイスを頂けるとありがたいのですが。

大隈重信　安倍晴明《あべのせいめい》は、ちょっと色男であったでな。だから、女性のファンが多かったんでな。

まあ、大隈が色男だったかどうかは、ちょっと、定かではないが、君らの判断に委《ゆだ》ねるわ。立派な紳士《しんし》であったことは間違いない。まあ、総理として出せるぐらいの顔はしとったからな。

だから、ちょっと、そのへんのところに問題はあるんだ。今は、ちょっとねえ、名前に、災《わざわ》いがついとるんでなあ。

九鬼　名前に災い？（笑）

大隈重信　そう。悪なるものと思われるような名前……。

九鬼　名字に「鬼」という字がついていることですか。

大隈重信　鬼が九匹もいたら、どうなるんだあ？（会場笑）そらあねえ、誤解も甚《はなは》だしいんじゃないかあ？

九鬼　まあ、鬼には「神」という意味もあります。

大隈重信　「鬼」を「神」に替えて、「九神《くがみ》」とかどうだ、名前。

九鬼　はい。「鬼には、そういう意味もある」とは伺っておりますが（苦笑）。

大隈重信　鬼っていうのは、そんなに好かれないよ？　一般にな。だから、ちょっと、怖い人かいな。怖い〝あれ〟はあるかもしらんけどなあ。

まあ、今回の転生が失敗に終わるかどうか、今、瀬戸際《せとぎわ》なんや。このままだったら、もう失敗に落ちる可能性がある。スレスレやなあ。君らねえ、今、九十九里浜《くじゅうくりはま》に〝陰陽寮〟を建てようとしてるところなんやから、しっかりやれよ。あそこに〝ハリー・ポッターの学校〟をつくるんやろ? しっかりやらなあかんで。

九鬼 ハリー・ポッター? （笑）

大隈重信 性根《しょうね》を入れて、〝ハリー・ポッター〟をやらなあかんで。

九鬼 ちゃんとした大学をつくらせていただきます。

大隈重信　ハリー・ポッターの学校やろう？　魔法学校や。魔法学校をつくるんや。あそこでな。うんうん。

「国を発展させる魔法」を学ぶ人を、いっぱいつくるわけや。うん。魔法なんや。経営成功の魔法。人間幸福の魔法。未来産業の魔法。（手を上に掲《かか》げてくるくると回し、魔法使いのようなしぐさをしながら）〝魔法使い〟をいっぱいつくらないかんなあ。現代の魔法使いや。いい意味でな。鬼じゃなくて、魔法使いだよな。

「（学長は）わし以上の適任者がいるわけがない」

黒川　要するに、大隈重信先生は今、九鬼学長〔就任予定〕として生まれていらっしゃるということで、よろしいですか。

大隈重信　まあ、そういうことやなあ。

だからね、文科省あたりに首を取られるようであったら、これは、あかんですなあ。そんなのされるぐらいだったら、〝九鬼専門学校〟でも始めるしかないなあ！（会場笑）ええ？　魔法学校でもええわ。

やっぱりねえ、わし以上の適任者がおるわけがないだろうが。ええ？

九鬼　そうですね。はい。

九鬼一　幸福の科学学園副理事長（学長予定）

大隈重信　福沢君のは、「経済」だけやんけ。なあ？　わしは、「政治」もちゃんとやっとるんだからさあ。「学問」だって、やっとるしなあ。

黒川　宗教の部分も、かなり……。

大隈重信　「宗教」もやってるわな、まさしく。

未来産業のところだったら、一種の現代の魔法やからね。科学っちゅうのは、今まで不可能だったことが可能になっていくんだから、現代の魔法が入ってるわけだからさあ。それを科学的に説明し、証明していくことやからねえ。わし以上の適任者が今いるわけがない。

文科省が潰《つぶ》れても、わしの大学が潰れてはあかんのじゃ。

九鬼　かしこまりました。お言葉を胸に刻《きざ》んで、しっかりと戦ってまいります。

大隈重信　うん。

「全国の早稲田卒業生の諸君、また、政治家経験者の諸君よ。幸福の科学大学っていうのは、偉大《いだい》な使命を持っておるのだ。しっかりと応援するがよい！」

これを言っとかな、いかんね。

九鬼　本日は、こちらにお越しくださいまして、本当にありがとうございました。大変お力を頂いた気がします。

大隈重信　（九鬼を指して）名前を明かした以上は、あんた、もうちょっと頑張れよお！

九鬼　かしこまりました！

大隈重信　もう、法名《ほうみょう》ぐらい、わしが十種類ぐらいつくったるから。なんぼでも。ええ？　使い分けたってかまへんのや。

ちょっとねえ、文科省の役人はなめとるなあ。あれね。夜中に何に化《ば》けて出たろうかいな。ほんまねえ。どんなやつを怖がるかのう？

九鬼　私に訊《き》かれても分からないのですが、そうですねえ、やはり、気持ち悪いのがいいかと思いますけど（笑）。

大隈重信　やっぱり、「宗教がどれほど怖いか」っちゅうことを肝《きも》に銘《めい》じてもらわないかんと思うねえ。「真光の教祖ぐらい、わしが、金縛《かなしば》りにかけるのはわけないのが、分かっとるのか」っちゅうことを、ちょっと、教えたらないかんね。わしは、あとはもう、韓国も中国も縛ったるつもりでいるからねえ。金縛りにかけたら、あっちも国ごと縛ったるからねえ。うん。任しとけ。

大学で力が余ったら、政党のほうも支援せないかんからなあ。自民党なんか、あんなもん、ちっさい、ちっさいわ。わしにかかったら、そんなもの小さいもんじゃ。うんうん。

（こぶしを振り上げて）世界制覇《せいは》じゃ！　おう、頑張ろう。

九鬼　はい、ありがとうございました！

大隈重信　うんうん。

大川隆法　（大隈重信に）ありがとうございました。

12　公務員ならば「信教の自由」と「学問の自由」を遵守《じゅんしゅ》せよ

大川隆法　ということで、当会の側から、「九鬼さんは、大学の学長として、実に素質がある」ということが、宗教的に説明されました。

まあ、「信教の自由」「学問の自由」が、憲法上、守られるように願いたいものだと思っております。

公費による私学助成というのは、憲法上、問題が多々ある部分ではありますが、現実には行われていますし、ありがたいことではあると思いますが、「出てもいない助成金でもって、まるで許可制度になっているかのように制約をかけてくる」というのは、いかがなものでしょうか。私はそう思います。

憲法を踏みにじってよいなら、文科省に意見を言われるのも結構ですけれども、今の憲法に縛《しば》られているうちは、現にいる公務員は、やはり、「信教の自由」「学問の自由」を遵守《じゅんしゅ》しなければいけないと思います。

文科大臣も、早稲田大学教育学部をご卒業とのことですが、これでは、卒業資格の取り消しがかかっているでしょう。今、大臣にも少し問題があります。もう一段、積極的になってもらわないといかんですな。目覚めてもらわなければいけません。

「夜、現《あらわ》れるぞよ」（笑）。彼（大隈重信）は、そういうことを言いたいのだろうと思います。

そういうことで、今日は、当会からの打ち返しということです。

九鬼　ありがとうございました。

大川隆法　はい（手を一回叩く）。

あとがき

日本の未来を切り開くには、新しい教育の力が必要だ。「前例主義」は、「後退主義」であり、「保身行政」でもある。

私たちは、国家成長戦略の目玉になるような大学の創立を考えている。それはこの国が二十二世紀、二十三世紀以降も、世界の一流国家であり続け、リーダー国家であり続けることの条件ともなるであろう。

新しい宗教大学の建学にあっては、リスクよりもチャレンジ精神が必要だ。経験よりも断行する勇気が必要だ。既存の「学識」を超えた「宗教的教養」が必要だ。

開拓者精神なくして、大学教育の意義はないと言っても過言ではあるまい。無神論・唯物論の大学教育ばかりやっていては、この国に未来は開けないのだ。

二〇一四年　六月三日

幸福《こうふく》の科学《かがく》グループ創始者兼総裁《そうししゃけんそうさい》
幸福《こうふく》の科学大学創立者《かがくだいがくそうりつしゃ》　大川隆法《おおかわりゅうほう》

『早稲田大学創立者・大隈重信「大学教育の意義」を語る』大川隆法著作関連書籍

『究極の国家成長戦略としての「幸福の科学大学の挑戦」』（幸福の科学出版刊）
『大隈重信が語る「政治の心・学問の心」』（同右）
『安倍昭恵首相夫人の守護霊トーク「家庭内野党」のホンネ、語ります。』（同右）
『文部科学大臣・下村博文守護霊インタビュー』（同右）
『日本を救う陰陽師パワー』（同右）

早稲田《わせだ》大学創立者《だいがくそうりつしゃ》・大隈重信《おおくましげのぶ》
「大学教育《だいがくきょういく》の意義《いぎ》」を語《かた》る

2014年 6月7日 初版第1刷

著 者 大《おお》川《かわ》隆《りゅう》法《ほう》

発行所 幸福の科学出版株式会社
〒107-0052 東京都港区赤坂2丁目10番14号
TEL(03)5573-7700
http://www.irhpress.co.jp/

印刷・製本 株式会社 堀内印刷所

落丁・乱丁本はおとりかえいたします

ISBN978-4-86395-482-3 C0030

Photo：時事通信フォト、時事、アフロ

大川隆法 ベストセラーズ・教育の未来を拓く

究極の国家成長戦略としての「幸福の科学大学の挑戦」

（仮称・設置認可申請中）

大川隆法 vs. 木村智重・九鬼一・黒川白雲

「世界の人びとを幸福にする」学問を探究し、人類の未来に貢献する人材を輩出する――見識豊かな大学人の挑戦がはじまった！

1,500円

大隈重信が語る「政治の心・学問の心」

立憲改進党をつくり、日本初の政党内閣を実現。日本を近代国家に導いたその不屈の在野精神で、現在の混迷する政治、低迷する教育に檄を飛ばす。

1,300円

文部科学大臣・下村博文 守護霊インタビュー

現職文科大臣の守護霊が語る、生々しい政治家のホンネに驚愕！　宗教真光の初代教祖・岡田光玉の霊言も同時収録。

1,400円

※表示価格は本体価格（税別）です。

大川隆法 ベストセラーズ・「幸福の科学大学」が目指すもの
※［仮称］設置認可申請中

宗教学から観た「幸福の科学」学・入門
立宗27年目の未来型宗教を分析する

幸福の科学とは、どんな宗教なのか。教義や活動の特徴とは？ 他の宗教との違いとは？ 総裁自らが、宗教学の見地から「幸福の科学」を分析する。

1,500円

「未来産業学」とは何か
未来文明の源流を創造する

新しい産業への挑戦──「ありえない」を、「ありうる」に変える！ 未来文明の源流となる分野を研究し、人類の進化とユートピア建設を目指す。

1,500円

「未来創造学」入門
未来国家を構築する新しい法学・政治学

政治とは、創造性・可能性の芸術である。どのような政治が行われたら、国民が幸福になるのか。政治・法律・税制のあり方を問い直す。

1,500円

プロフェッショナルとしての国際ビジネスマンの条件

実用英語だけでは、国際社会で通用しない！ 語学力と教養を兼ね備えた真の国際人を目指し、日本人が世界で活躍するための心構えを語る。

1,500円

※幸福の科学大学（仮称）は設置認可申請中のため、紹介内容は変更の可能性があります。

※表示価格は本体価格（税別）です。

大川隆法 ベストセラーズ・「幸福の科学大学」が目指すもの

※［仮称］設置認可申請中

幸福の科学の基本教義とは何か

真理と信仰をめぐる幸福論

進化し続ける幸福の科学 ── 本当の幸福とは何か。永遠の真理とは？　信仰とは何なのか？　総裁自らが説き明かす未来型宗教を知るためのヒント。

1,500円

政治哲学の原点

「自由の創設」を目指して

政治は何のためにあるのか。真の「自由」、真の「平等」とは何か──。全体主義を防ぎ、国家を繁栄に導く「新たな政治哲学」が、ここに示される。

1,500円

経営の創造

新規事業を立ち上げるための要諦

才能の見極め方、新しい「事業の種」の探し方、圧倒的な差別化を図る方法など、深い人間学と実績に裏打ちされた「経営成功学」の具体論が語られる。

2,000円

法哲学入門

法の根源にあるもの

ヘーゲルの偉大さ、カントの功罪、そしてマルクスの問題点──。ソクラテスからアーレントまでを検証し、法哲学のあるべき姿を探究する。

1,500円

幸福の科学出版

※幸福の科学大学（仮称）は設置認可申請中のため、紹介内容は変更の可能性があります。

入会のご案内

あなたも、幸福の科学に集い、ほんとうの幸福を見つけてみませんか？

幸福の科学では、大川隆法総裁が説く仏法真理をもとに、
「どうすれば幸福になれるのか、また、
他の人を幸福にできるのか」を学び、実践しています。

入会

大川隆法総裁の教えを信じ、学ぼうとする方なら、どなたでも入会できます。入会された方には、『入会版「正心法語」』が授与されます。（入会の奉納は1,000円目安です）

ネットでも**入会**
できます。詳しくは、
下記URLへ。
happy-science.jp/joinus

三帰《さんき》誓願《せいがん》

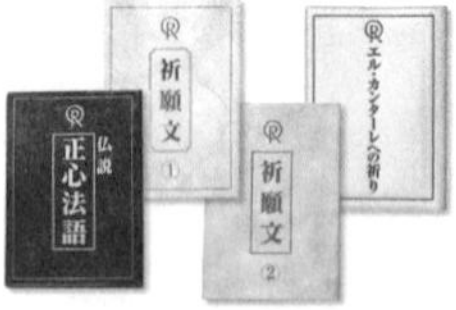

仏弟子としてさらに信仰を深めたい方は、仏・法・僧の三宝への帰依を誓う「三帰誓願式」を受けることができます。三帰誓願者には、『仏説・正心法語』『祈願文①』『祈願文②』『エル・カンターレへの祈り』が授与されます。

植福《しょくふく》の会

植福は、ユートピア建設のために、自分の富を差し出す尊い布施の行為です。布施の機会として、毎月1口1,000円からお申込みいただける、「植福の会」がございます。

「植福の会」に参加された方のうちご希望の方には、幸福の科学の小冊子（毎月1回）をお送りいたします。
詳しくは、下記の電話番号までお問い合わせください。

月刊「幸福の科学」

ザ・伝道

ヤング・ブッダ

ヘルメス・エンゼルズ

INFORMATION
幸福の科学サービスセンター
TEL. 03-5793-1727（受付時間 火〜金：10〜20時／土・日：10〜18時）
宗教法人 幸福の科学 公式サイト **happy-science.jp**